致 —————
「今天也辛苦了！」

暫時休息一下吧—

辛苦了，努力工作的我們！

歡迎收看 厭世上班族

奧客、豬隊友退散！
一天一圖 ——
終結職場負面情緒

繪圖王牧羊少年 梁治己 / 著
陳慶德 / 譯

잡JOB 다多 한 컷 : 고생했어, 일하는 우리

INTRO

這世上有著很多人，

每個人都有各自的工作，

每個人在職場內，

昨天、今天、明天……，

都重複著一樣的心情，

及忍耐著各式各樣的鳥事，

忍著、忍著、再忍著，

撐著、撐著、再撐著。

偶爾生活也有小確幸，像是美好的週末假日，

就這樣，我們一天又一天的過著……。

關於這本書，

也許是我朋友的故事，

大概也是我朋友弟弟的故事，

可能也是我朋友的弟弟，其職場前輩的故事，

也是我朋友的弟弟，其職場前輩在服兵役時，認識的學長的故事，

甚至是我朋友的弟弟，其職場前輩在服兵役時，學長女朋友的故事，

說到底，恐怕說的都是我們每個人的故事。

工作雖多，但是對我們來說都是一樣的，

我們的故事，現在開始。

——繪圖王牧羊少年

目次

我
只是個
上班族

> 今天也只想
> 好好地準時下班。

業務報表塔

看不到盡頭的工作

解藥就是「薪水」！

別再發生了，拜託……

該站哪一邊,是個好問題

走吧走吧，
因為您走了我很開心

總是假裝吃飽的上班族

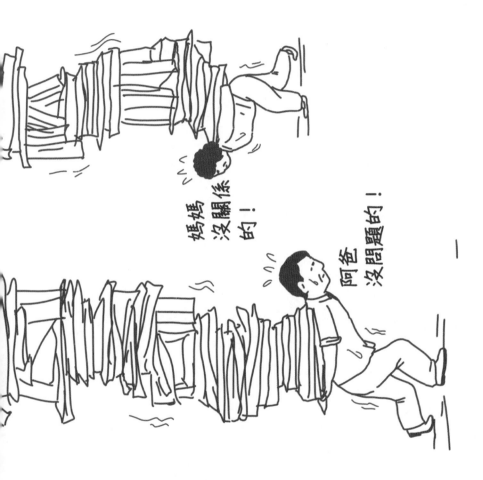

「週末」才是最輕鬆時刻

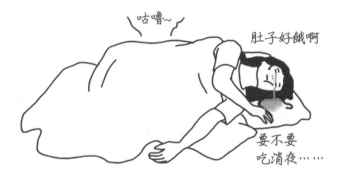

總是被打斷的睡眠

為了緩解上班族的厭世感，本書誕生了！

我開始創作這一系列上班族的插畫，其實是很偶然的。我某天遇到一位 30 多歲的朋友，從他身上得到許多靈感。他是一位上班族，藉由他的故事，我畫出且出版《上班族失語症》等作品，之後也收到很多讀者的回響，大多都是上班族。看完這些讀者回饋後，我常在想，「在職場上時，彼此常互相鼓勵加油、要撐下去，但大家所想的都一樣，究竟，我們還要撐多久呢？」

最近，社會風氣轉變，許多年輕人強調及時行樂，上一代所持的觀念，即有幸進入一間公司就得死守做到老，已經慢慢消失了，年輕人一旦在職場上不如意，隨時都會拍桌走人。

一旦離職後，馬上會浮現的問題就是生活費，不管再怎麼節省，老本總是會有用完的一天，這就是現實。我想就是這樣的「現實」，繼續支撐仍然在職場努力工作的人們吧！說到底，其實社會風氣再怎麼變，人們來到職場生活還是跟過往一樣，每天加班、期待週末、厭世的星期一，及苦思如何跟

上司打好關係等，這就是「上班族」。

當然，不僅是上班族，其他行業的人也差不多，大多想要脫離職場一走了之，但隨即面臨的現實問題就是，要從哪裡變出生活費。因此，我懷抱著「若是讀者看到我的插畫，能夠短暫地會心一笑，就深感滿足了」的想法，創作出這本《歡迎收看厭世上班族》。

這本書是我採訪各行各業，不同領域的職場人後，畫下他們的生活，並連載 8 個月的作品。感謝他們，更希望這些插畫能引起大家的共鳴。

2

使命必達的
宅配員

為了沒有失誤，
我只能往前衝啊！

為了準時送達，只能拚命奔跑

■

大家是否曾在宅配單上，
留下「宅配大哥，今天也辛苦您了！」這樣的訊息呢？
下次不妨試試看吧！

■

我想，大家一定都接過即將送貨到家中的宅配員電話吧？或是在前一天晚上，像要去旅行的小學生一般，等待著今天終於要到貨的商品，這些宅配員就像聖誕老人一樣，準確地找到我們的家，把貨物安全地送到大家手上。

但是，大家可能不知道，宅配員如期送達一件物品，大約只能得到 800 韓元（約台幣 22 元）的收入。「怎麼可能這麼低呢？宅配費用每件都高達 2500 ～ 3000 韓元（約台幣 85 元）啊。」其實，大部分的宅配費用都被物流、保險公司賺走了，

若是扣掉宅配員的油錢、餐費，其實一件物品 800 韓元（約台幣 22 元）的收入，最終大約只能收到 500 韓元（約台幣 12 元）左右。宅配員就是領著這樣微薄的薪水，卻做著如同聖誕老公公般的辛苦工作。

「但是比起收入而言，我們宅配員更擔心的是，無法準時配送完當日的物品，最後只能加班了。」宅配員平均一週的勞動時間竟高達 74 小時。大家不妨想像宅配員的壓力，如果每件物品都沒有準時送達至客戶手中，一件物品耽誤 1、2 分鐘，下班時間就得往後延遲數小時。因此，我們時常可看到宅配員為了節省時間，往往雙手拿了多件物品後，再爬上高達 4、5 層樓的住宅。

「比起每天這麼多的配送量，更讓我們緊張的是，到達配送地點，按了門鈴之後，無人應答，或是對方很慢才開門領貨，這些都會延長我們的工作時間，因此，我們每天只能盡力的奔跑。」

「還有送貨前，明明就跟客戶聯絡好了，結果到達家門口，人卻不在，或是又不接電話，等我們走了之後，客戶才又打電話來……，如此一來，怎麼可能不加班呢？」

「最近社會風氣不太好，很多人都不接宅配員的電話，因為是陌生的來電，我們只好不管家中是否有人，都得親自跑一趟，按門鈴送貨。有時候，若晚一點才到達非 24 小時警衛看守的社區，還會被唸：『你們怎麼不早點來？我都快下班了，真是的！』」

但是，宅配員最怕的還是所謂的「豪宅社區」，因為這類豪宅為了保全，往往出入口大門與住家隔了好長的一段距離，宅配員如果沒有車輛通行證也無法開車進社區內。那該怎麼辦呢？這時我們也只能把車停門口，靠著自己的雙腳，跑出準時送貨的速度了。

看完這些宅配員的辛酸，請大家下次收到宅配後，真心地跟宅配大哥們說聲：「辛苦了，謝謝！」

我現在踏在下雪的路上，請你再稍微等待。
我帶著幸福，喚醒深夜，走在燈光微稀的路上。
為了完成人們在紙上寫著的小小心願，
經過一天，你就能收到我寄給你的幸福。
我想看到你沉溺在幸福中的表情，
你的一句謝謝，能提振我疲累的心。

——節自詩人林貞熙〈帶著幸福〉

咦？手套怎麼破了！

因為敲太多次門，
手指都長繭了

開始！

讚！超酷～

我的腰，你在哪裡？

爬樓梯高手就是我

想傳遞幸福，收到的卻是傷口

工作順利的一天

送貨到家門口的愉悅！

大聲歡呼！

宅配員，今天也辛苦了！

收到貨品時，別忘了對宅配員說「謝謝」！

■

對我們來說，
沒有盡力而為，只有做到最完美！

■

宅配員大約在早上 7、8 點左右，就得開始準備上班。首先，他們得來到物流中心，找到自己今天所開的運貨卡車，之後等待物流中心的分配人員把要配送的貨品，分門別類地挑選完成，一台運貨卡車大約可以裝 2000 件貨品。

在貨品裝上車前，辛苦的宅配員還得利用 QR Code，仔細地掃描每件物品，透過掃描機器，可以得知這件貨品要宅配的地址、收件人等基本資料。這些貨品上路前的作業流程，大概都會花上半天時間，如果遇到宅配貨物爆量時，這些事前手續就會拖到中午後才結束。

掃描完後，就得慢慢把貨品搬上車內放好，這時還有一點要特別注意，為了讓宅配更有效率，宅配員在配送貨品前得先抓好行車路線，以不繞遠路，在最短的時間內宅配完成最多貨品才行！此外，宅配員的收入以宅配貨品數量多寡計算，所以當天除了自己固定的配送量外，還得活用車內多餘空間，擠入一些能額外配送的貨品，以增加收入。但是，最重要的還是配送過程，千萬不能毀損配送貨品。

事前作業時間越短越好，才能早點出發前往配送。但事前作業也不能馬虎，有時因為貨品沒有小心包裝，或放置在車內的位置不佳，導致運送過程中發生損壞，造成客訴、退貨等，可就得不償失了。因此除了有效率的配送，宅配員還必須小心又細心。

此外，告訴大家一個宅配小技巧，即在宅配前一日先利用地圖記下要配送的眾多地址，在心中規劃出當天的宅配路線，等到宅配當日，就能事半功倍地出車，快速配送，這也是工作多年的宅配員所分享的經驗談。

通常在上午 11 點，物流中心開始出車配送，這些宅配員大約會工作到晚上 9 ～ 10 點才下班，每日平均工時超過 12 個小

時，要配送的客戶地址大約是 150 個，如果仔細計算配送物品的「量」，應該超過 300 件以上。

這樣換算下來，扣除吃飯、休息時間等，宅配員上路配送的時間大約是 6 ～ 8 小時，而這 150 個地址得在這麼短的時間內送完，一個小時就要送 20 ～ 25 個地方，一個配送地址只能停留約 3 分鐘。「可別小看這短短 3 分鐘的時間，還得包括停車、下貨、搬貨到客戶家門口等，算一算，這些動作都得在 1 分鐘內完成。」

「宅配員根本就不是開車配送，而是像長了翅膀一樣，全速配送貨品到客戶手上。」宅配的工作不僅是配送而已，還得聆聽客戶的抱怨及協助退貨等程序。

宅配員每天盡力的完成一整車的貨品配送，因此，當各位遇見前來家中的宅配員時，請想一想，他也是某個孩子的爸、某個人的兒子，即使耽誤了一點時間，也千萬別疾聲厲色地對他大吼大叫及抱怨，請保持微笑，說聲辛苦了。

千萬不要因為想提早配送完畢，趕著下班，
而弄壞了運送貨品，這樣只會「事倍功半」
地讓自己加班到深夜。但是，在宅配過程中，
看著準確送到顧客手中而漸漸減少的貨品，
真的很有成就感！

宅配員，究竟是什麼樣的職業呢？

我想在我們日常生活中，最常「麻煩」的人之一，應該就是配送貨品到家門口的宅配員了。儘管與他接觸的時間不是太長，可能只有短短的 1、2 分鐘，但是，絕非是平常在路上隨時都可遇見的陌生人。

宅配員是按照出貨單上的收件人，來到家門口「找我們」，是我們在網路上輕易的選取商品、下單、填寫地址並付款後，再順利收到商品的最大功臣。現今的宅配員大多是有點年紀的大叔，但他們時常被因為晚收到貨品而勃然大怒的顧客，指著鼻子破口大罵，情何以堪。

看完宅配員的工作過程，是否感覺宅配員有口難言呢？因為他們每天的配送量實在是超乎一般人的想像。雖然客戶支付「運費」，但其實配送費中的 70〜80% 都被物流公司賺走了，而物流公司提供車輛給配送人員，讓他們每天奔跑在與時間競爭的宅配工作上。令人吃驚的是，有些宅配員還是所謂的「派遣人員」，根本不享有正職員工的保險福利，甚至有些

公司還極力剝削派遣人員，除了不支付油錢、手機費，萬一不小心車子被撞壞，維修費恐怕也得自己吸收。

此外，每天將近 12 小時的超長工作時間，公司除了提供制服外，就沒有其他配件了。我還曾看過一位宅配員所戴的白手套，在食指處早已磨損，因為他每天都在敲客戶的門，敲到食指處都破了。

除了艱辛的工作情況，宅配員的薪水也很低，物流公司雖多，但是支付給宅配員的薪水似乎有「公定價」，也就是配送一件貨品，只能得到約 700 韓元（約台幣 20 元），其中還得扣除油錢、飯錢、手機費等，這樣換算後，一件貨品能讓宅配員賺多少呢？因此，有人開始以「量」取勝，但是超時工作、大量外食、高壓工作環境等，容易影響健康，若是貨品遭毀損或被偷，宅配員也得負責賠償，心理壓力可想而知。

因此，每個宅配員都在心中祈禱，今天的配送一定要順利啊！難道沒有休息時間嗎？但是，節慶假日才是宅配員大量出勤的時刻，若想休息得自己想辦法。根據統計，南韓人平均每天收到 1.3 個包裹，這是很驚人的數量，同時加上物流公司打出「不管距離多遠，都能準時送達」、「當天配送，沒問題！」等廣告，無疑地又加重宅配員的工作量。

宅配員已經這麼忙了，還必須完成所謂的「限時配送」，可見他們身心壓力有多大，就算身體不舒服還是得上班。

我曾經遇過一位工作 5 年的宅配員，他對我説，他這 5 年來最大的願望，就是想要好好的休息一天，而他的月收入約 250 萬韓元（約台幣 7 萬元），算是中上，而其他屬於派遣人員的宅配大叔，一天工作 12 ～ 14 個小時，扣掉油錢、餐費等支出後，實領 150 萬韓元（約台幣 4 萬 2 千元）的也不少。

雖然這樣的薪水看似可以「維持基本開銷」，但是宅配員每天都在工作，也沒時間可以花錢或好好休息，他們每天想的就是趕緊把貨品送完，早點回家睡覺，然後再準備隔天的宅配工作。

尤其是屬於派遣的宅配員，其實也不在意保險福利，只希望能順利送貨，領到微薄的配送費以維持生計罷了。所以，以後收貨時，即使是招待宅配員一杯水、一塊餅乾，也能為他們全天配送的努力加油。

當我連載〈使命必達的宅配員〉圖文時，最開心的就是看到有些讀者留言「我今天收網拍時，一定要請宅配大哥喝飲

料」，我想我的圖文應該有感動一些人，讓他們重新看待感
覺工作很輕鬆，卻含著許多辛酸的宅配員。

宅配員的苦，只有自己知道

最怕公司對我說，「今天要配送的貨品超過 100 個，但不用急著送，你只要在工作時間內配送完成，就可以回家休息了，有困難時隨時跟公司說」，但說有效嗎？

最近社會治安不太好，很多客戶都叫我們把貨品放在警衛室就好，但是警衛伯伯都有年紀了，如何搬這些沉重物品？且警衛室這麼小間，如何塞滿整座社區的貨品啊！萬一配送時間延遲，警衛伯伯早就休息了，也找不到人啊。我最擔心的是，貨品雖然放在警衛室，但萬一有小偷或被誤拿，那該怎麼辦？我希望公司能先跟社區的警衛室打聲招呼後，再讓我們前往！

配送費就是我們的月薪啊，我最怕的就是貨到付款！因為萬一沒有人在家，我們送不出貨品，就沒辦法拿到月薪，有時候還得在外面等待，顧客才回來簽收付款，難道不能取消貨到付款制度嗎？

我最怕的是收到貨品了，還嫌我們送太慢，只好笑笑地道歉。難道不能和顏悅色地對待辛苦的宅配員嗎？

最近興起「禁止車輛通行」的社區，這樣的設計真是辛苦宅配員了，要搬著一大箱貨品，走上好長一段路，才能順利來到客戶家，本來宅配就是跟時間競爭的工作，面對這種禁止車輛通行的社區，真是考倒我們了。

我還曾經接到客戶直接打電話問我，「我昨天已經上網訂購了，為什麼今天商品還沒來？」這樣也太趕了吧？我們已經盡全力奔跑送貨了，大家能不能再有點耐心呢？

一大早到物流公司，看到成千上萬的貨品堆在倉庫內，我就知道今天又無法準時，又得晚下班了……。

我知道大家在社會中都各司其職地工作，但能否互相體諒對方呢？每個工作都有其難處，能否親切對待幫你服務的人呢？

3

大小事
全包的
社工師

66 使盡吃奶的力氣，
努力生活下去！ 99

做善事也要有好報酬才行啊！

別再說「你人真好」，社工師也是人

是使命感？
還是滿懷不甘呢？

只要遇到從事社工職務的人，人們的第一句話大多是：「哇！你真的很有愛心呢。」外人聽起來是讚賞的話，但在社工師耳中聽起來可是很沉重的。因為在一般人的印象中，社工師與志工活動幾乎是畫上等號。

為什麼人們會這樣想呢？因為一想到社工師，大多會浮現善良的形象，像是幫助身體不方便的弱勢者、固定拜訪獨居老人，或送資助物品到貧困村里等，正因如此，社工師容易被「誤認」是在做善事，不求回報。

但是，大家可能不知道，對於這些社工師來說，這樣的印象往往讓他們在職場上遇到許多「過分」的要求，像是「你本來就是善良的人，每天都在做善事，為何不能再多幫我一些呢」？

世上沒有白吃的午餐，社工師也需要吃飯、生活，若是在這些「善良」、「犧牲」等，看似善意的標籤化下，損害了自己在工作上的保障與權利，任誰都支撐不久。況且，想成為社工師並不容易，專業的社工師可都是經過長時間的實習、準備，以及修習專業知識，才能取得「社工師證照」，絕非如人們想像的只要具有「善良」、「有愛心」等條件，就可以成為社工師。

我也是為了生計，努力工作啊，怎麼可能會有人想做白工呢？我不是志工，也沒有特別善良，我只是一位專業的「社工師」！

什麼時候才會有新人進來啊？

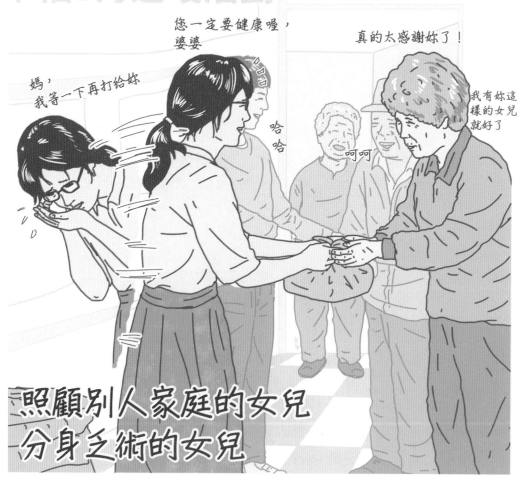

工作中的女兒

因工作而激出的開車潛能

找不到路時

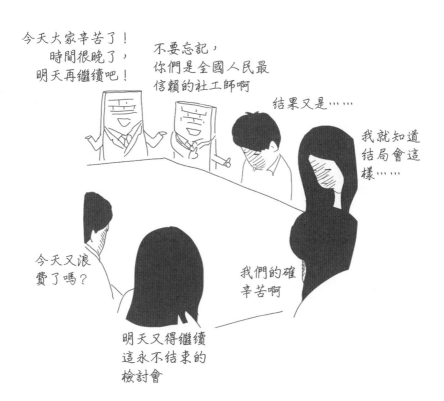

會議無限循環中

太謝謝妳了，金老師！
金老師好棒喔！
感謝金老師來幫我們~
我也感謝大家給我服務的機會
社工不怕出身低
做越多越要謙虛

希望薪水能高一些啊！

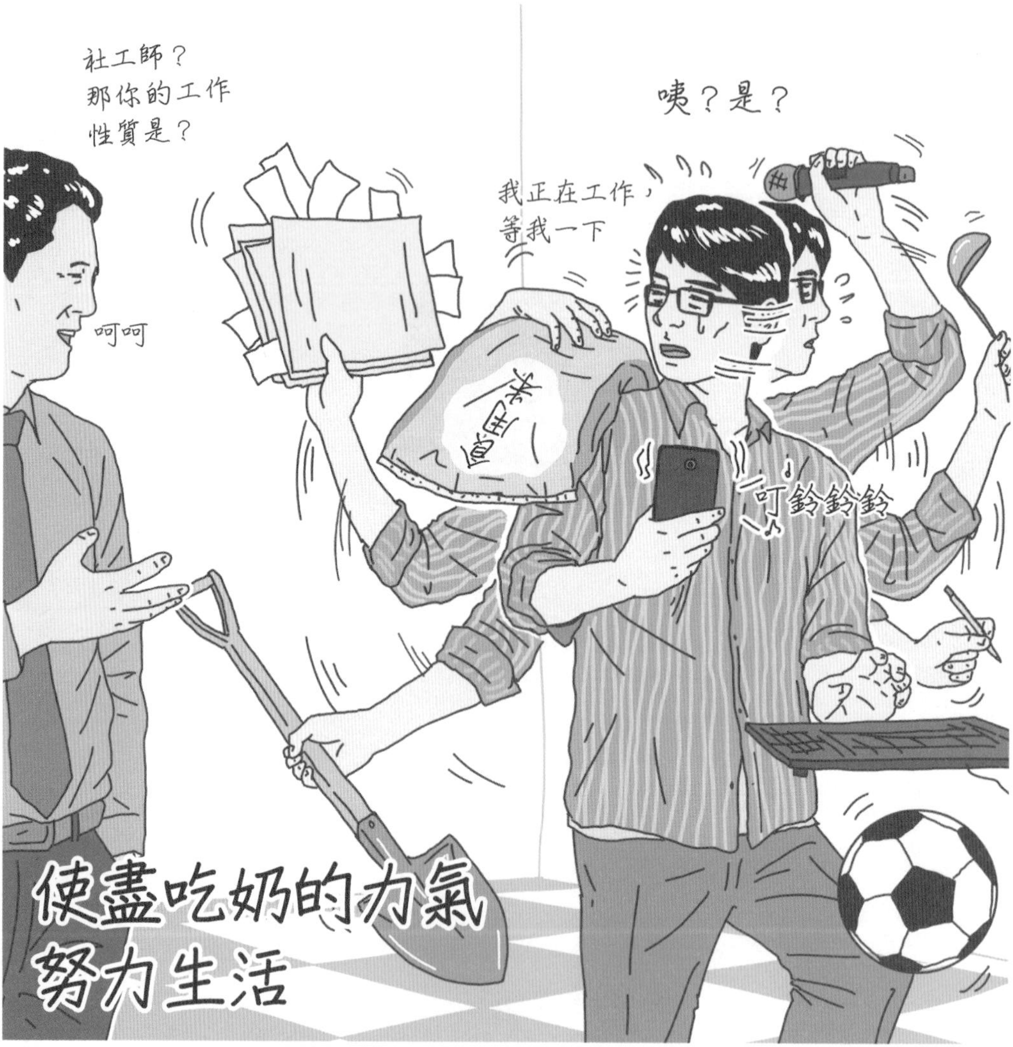
社工師？
那你的工作
性質是？
呵呵
我正在工作，
等我一下
咦？是？
叮鈴鈴鈴
使盡吃奶的力氣
努力生活

我是萬能的Superman

我們就是為大眾服務的社工師！

閃閃閃！！

社工師：創造幸福社會的工作者

以他人幸福為優先，是社工師的使命

■

為了別人的幸福，
先把自己的幸福擺一旁吧！

■

社會上有各式各樣的工作，但我想沒有一份工作的範圍能比得上社工師吧？社工師所要處理的範圍實在太大了。

包括教育、文化、醫療與勞工權利等，接觸來自四面八方的人，如兒童、老人、低收入戶、家暴申訴者、身體不方便者，或輟學、行為偏差的青少年等，因此又可分為輔導兒童、服務年長者、救助社會低收入戶，或處理家暴事件等眾多部門。

每個部門都有專門的社工師，他們共同的目標就是打造出一個幸福的社會。

但他們的工作可沒這麼輕鬆，以幫助身體不方便者來說，社工師必須定期至家中幫忙打掃房子、準備三餐，再協助理髮、洗澡等，基本上就是負責弱勢者一日的日常生活。

此外，若幫助對象是低收入者，社工師還得準備許多資助物品，親自送達住處。

除了身體勞動的疲憊外，最怕的就是引起社會輿論，被認為在資助上有不公，使社工師必須承擔「為何只資助某人，而不資助其他貧窮者」的精神壓力（但真相往往是因為個案不符合資助條件，或未達法定的低收入戶標準，因此無法提供資助）。

面對這些人的抗議與不滿，社工師情何以堪呢？

社工師回到辦公室後也很難好好休息，因為得開始準備下一

位需要幫助的個案資料。社工師不是「志工」，因為志工活動總有結束的時候，但社會福利工作的最終目標是打造幸福社會，工作永無止境。

目前因為繁雜、龐大的工作量，造成許多人對社福工作卻步，願意從事社福工作的年輕人，已經越來越少了。唯有社會大眾改變對社工師的刻板印象，才能讓更多有志者願意從事這份工作吧！

不管事情有多忙，不論在辦公室還是外面，我們都得保持親切態度及充沛的活力，來滿足每個人的需求。社工師做久了，連我自己都覺得體力變得比以前好很多，真的，什麼狀況都遇過了。未來，我還是要保持熱情與體力，努力工作。

社工師，究竟是什麼樣的職業呢？

如果上網搜尋網友對於社工師的印象，大多是正面評價，甚至有人認為社工師是天使，因為他們把創造他人的幸福，優先於自身幸福，也正是在這樣的刻板印象下，造成許多社工師必須更辛苦的工作。

以社工師的待遇來說，正因為善良、優先考慮他人幸福的形象，讓外界認為「既然是在做善事，薪水低一些也還好吧？別太計較了。」再者，他們在出勤前，要處理文件、聯繫有關單位，甚至得準備資助物品，工作量遠超過單純坐辦公室領月薪的上班族。若是「善良」的社工師想抗爭薪水過低，反而會讓社會大眾投以異樣眼光。

此外，社工師要面對形形色色的個案，若是單純販賣家電的銷售員，要面對的可能只是想買電器的客人，做好自身的工作即可，但是社工師永遠不知道，下次會遇到哪一類的社會弱勢者，且尋求幫助的弱勢者是否符合社工輔導的原則、標準，這都需要經過商討與會談。

也就是説，社工師不僅僅是身體的勞動，還得具備許多政策、法律、行政等知識，才能給予適當的協助，避免幫倒忙。

要幫助一個人並不簡單，得承受很大的壓力。南韓相當重視社會福利，所以前陣子政府還大刀闊斧地更改有關社會福利的制度、法條，這也讓目前在第一線的社工師得重新學習。

外面的事物已經夠忙了，還得小心翼翼面對更改的新法條。不論是「社會福利」或「社工師」，業務包括了整個「社會」，社會這麼大，若是沒有充足的人力，如何能消耗龐大工作量，打造出一個幸福的社會呢？（編按：台灣的社工師也面臨三高的困境，即高工時、高案量及高流動率。社工師要負責的個案數量龐大，無法只憑一己之力完成，除了增加人力，也必須仰賴政府的協助，才能建構友善的工作環境。）

但是對社工師來説，工作上最大的壓力來源其實是如同之前所言的，是來自一般民眾的刻板印象，認為社工師就是「善良」、「不求回報」，並因此提出過分的要求，萬一回答無法讓大眾滿意，搞不好還會惹來一場怒罵。

相較於宅配員、護理師、銀行員等，我們在日常生活中遇見

社工師的機會其實不多，因為他們多是在幫助弱勢、辛苦的民眾。正因不了解他們的工作性質，聽到對方談到自己的工作時，也只會客套地回應：「你好有愛心喔！」、「你好善良！」等，正是這樣的偏見，每當他們想爭取工作福利，如調漲薪資、工會保障等，都有苦難言。

另一方面，社工師最怕遇到的問題並非是失去熱情、愛心，而是因為經費問題，一旦經費不足，一個良好的輔導計畫就無法順利執行，這樣的情況屢見不鮮。

但是我們別忘記，社工師是「創造幸福社會的工作者」，他們為了整體社會的幸福、福祉而努力，但工作事務如此繁忙，領的薪水卻不如預期，再加上執行費用容易被有關單位阻擋，不論多麼有愛心的人，也撐不久吧？

難道社工師不是社會的一員嗎？只因為他是社工師，就得特別為這個社會犧牲嗎？遭受到比其他上班族更低、更不平等的待遇嗎？這一點值得我們好好省思。

社工師為了低下階層或社會弱勢者出聲出力，一天又一天地奔跑努力，打造幸福社會。儘管社工師總是親切地對待每個

人，但千萬不要忘記，他們也是人，也是社會的一分子，也
應該享有幸福。

社工師的苦，只有自己知道

每個人都對我說：「你是在做善事啊！」但是，應該善有善報啊，為什麼我這麼努力做善事，每個月的薪水還是只有一點點呢？

如果個案能更親切地對待我們，社工師才能更提起勁來工作啊！

社工師並不是萬能，怎麼總是對我們說：「這點小事也辦不到？」、「這很簡單，你是社工師啊！」真是令人灰心，能不能停止這些話啊！真想有一天，我只為我自己的幸福打拚。

每天都遇到不同的人，但只有一點要記得，那就是要微笑、親切地對待他們。

作為一名社工師，每當合理爭取自身工作權利，就引來社會大眾的白眼，這未免太不合理了！我們也是社會的一員，只是爭取自己的福利，請大家不要這麼敏感……。

我們是專業的社工師，而不是單純「乖巧」、「做善事」的人，我們也得具備各種專業知識及輔導技能。

新聞報導說，社工師得無條件服從，盡力打造一個幸福平等的社會，這未免也太偏差了，我們的確是在幫助弱勢者，但從某個角度而言，社工師是否也是需要重新被關注的弱勢工作者呢？

使命感容易造成社工師的工作壓力。沒有得到合理的薪水，還得被標籤化，任何一名社工師都會覺得壓力大吧！希望政府能改善我們的薪資，也希望社會大眾不要再投以這麼多的「使命感」給我們，我們也如同上班族，依靠專業性、知識性與技能，在社會上努力工作！

心酸
誰人知的
護理師

66 護理師生病，
由誰來照顧呢？ 99

忙碌的巡房車

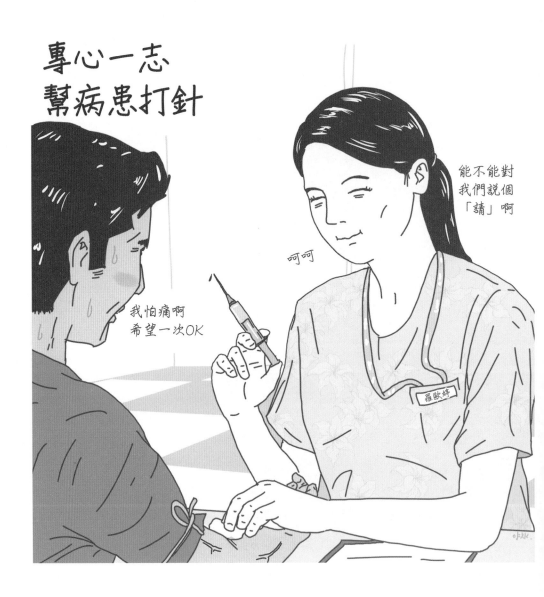

打針時常遇到的狀況

當護理師生病
誰來照顧我們？

檢查診斷
自己來。

「照顧」也是自己來

手比眼快的工作效率

吃飯吃到一半，最常發生的狀況

忙著照顧患者，總是最後吃飯

■

護理師疲勞的身心，
由誰來照顧呢？

■

大部分的人都不知道護理師有多辛苦吧？只要來到醫院，不管是打針、做檢查、抽血、體檢等，都是護理師陪在我們身邊。

「身為護理師，根本沒有一刻可以好好坐下來休息，我們一整天推著沉重的巡房車、醫療器材車，跑遍整棟醫院啊！」

「我們除了要照顧好病患，還得小心翼翼地遵守醫院的規則、前輩的指導等，很多人都做不到 3 個月就辭職了。」

「工作內容十分複雜，包括輔助醫生手術、巡房、體檢、關心病患等，都是我們的工作。」

「我們在移動骨折病患時，也得特別注意移動技巧，免得因失誤加重患者的病情！」

「護理師常忙到自己也生病，因長時間工作而拖長上洗手間的頻率，容易造成便秘、膀胱炎。」

護理師吃飯時，必定得狼吞虎嚥，比關在監獄的死刑犯還不如，至少死刑犯上路前，還能慢慢地吃完最後一餐！此外，護理師還有更辛苦的一面，那就是面對病患的無理要求。像是「給我水！」、「妳不能幫我削蘋果嗎？」等需求，每天都會出現，應接不暇。

每次聽到病患的緊急鈴響起，等我們衝到病房時，這些跟病情毫無關係的對話卻經常出現。甚至，有些病患還會講黃色笑話，性騷擾我們……。「我們究竟是為了什麼，而成為護理師呢？」

護理師下班後的休息時間，通常稱為 ABR，也就是「Absolute

Bed Rest」（躺在床上休息）的縮寫。的確，每當我們加完班後，就會像病患一樣，完全放鬆地躺在床上，一動也不想動，只想好好休息。

護理師的工作除了在醫院內奔跑，照顧病患，進而不斷累積身體的疲勞之外，最感到有壓力的是必須完全集中精神，如果因不小心而錯估病患的狀況，就可能釀成大禍。

但是病患這麼多、業務又這麼忙，我們怎麼可能一整天都保持清醒，注意著每位病患呢？話雖如此，護理師在值勤時也是全力以赴，注意病床上每位患者的病情、需求狀況，萬一真的不小心發生「意外」，我們連難過的時間都沒有，因為下一位病患已經送到醫院，等待救治了。

護理師做久了,看過的生老病死也越來越多,當然也會難過。但我總是相信,只要繼續做下去,培養出更好的醫療能力,就能幫助更多人!

無法免責的義務

希望我們以後不要在醫院見面了

千萬不要再見面

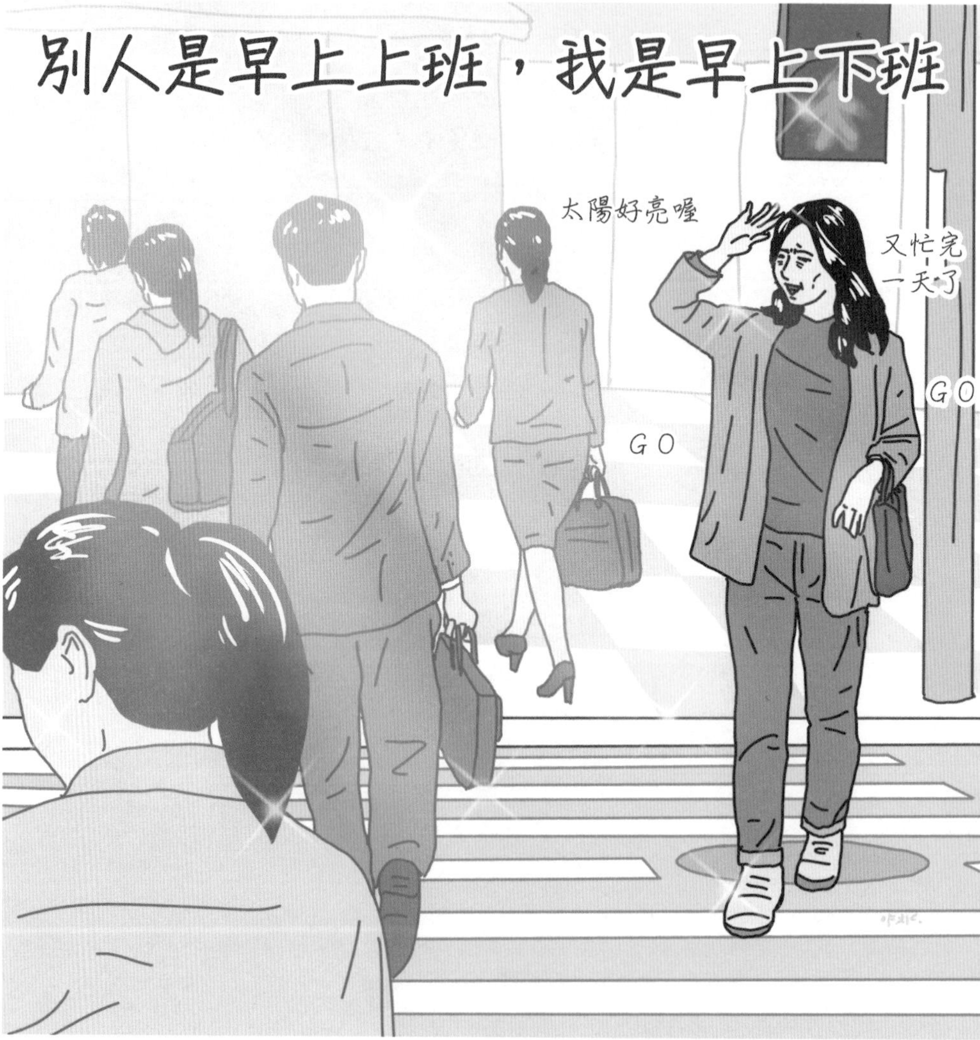
别人是早上上班，我是早上下班
太陽好亮喔
又忙完
一天了
GO
GO

搭上捷運後

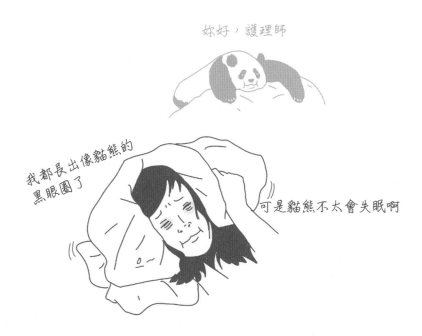

痛苦的失眠

不停地輪班，這就是護理師的生活

■

隨著時間流逝，我漸漸感到護理工作的辛苦，
儘管如此，我還是努力著，只因我想好好照顧病人，
直到他們痊癒之時。

■

基本上，護理師一天工作 8 小時，且分三班制，早班（Day duty）為早上 7 點到下午 3 點，中班（Evening duty）為下午 3 點到晚上 11 點，之後就是大夜班（Night duty），從晚上 11 點至隔天早上 7 點結束。

護理師的班表通常在一個月前就會決定，因此萬一有什麼重要的事或約會，都得在一個月前確定，不然到時候還得跟同事換班或找人代班，是件困難的事。此外，雖說護理師一天工作 8 小時，為三班制，但其實加上交班、後續收尾動作等，

一天的工作時間高達 10 ～ 11 小時，是變相的兩班制啊！

「我們上班值勤前，必須先到醫院準備醫療器材，順便也要詢問交班的同事，今天是否有需特別注意情況的患者。」這些事前作業都要仔細確認，才能確保當天值勤的順暢。

由於護理師的班表早在一個月前就已經確定，萬一當天值勤人員因事請假，在現場的護理師也不能馬上離開，得留下來繼續值勤或趕緊調派人手。

「原本是 7 點的早班，但其實很多護理師在 5 點就起床準備上班了，搭著最早的捷運來醫院待命，而大夜班的同事其實也很少能在 7 點準時下班，往往有很多事得交接給下一班人員。工作近 10 小時回到家後，明明知道身體很累，但生理時鐘已被打亂，再加上體內還存有為了提神而喝的大量咖啡，其實很難馬上入眠。」

「護理師最想避開的班表，就是早班→大夜班→放假，完全日夜顛倒的班表。」

想想看，昨天上了大夜班，在早上 7 點多下班後，回到家根

本就難以入眠，翻來覆去，好不容易睡著後，可能又會因為生理時鐘，晚上 8 點多就會自動清醒，這時很多餐廳都接近打烊時間了，只能起床隨便煮東西吃，看個電視後又窩回床上，繼續失眠，大約到半夜 3 點左右，才又昏昏入睡。隔天雖然是假日，但大概又是把時間花在睡懶覺上吧？因為放假後又是 7 點的早班，根本無法徹夜狂歡，好好休息啊！

這樣的情況持續一陣子後，在醫院值勤的護理師不僅身心疲累，連放假時也累，因為生活作息已經完全異於一般上班族，日積月累，護理師的生活就變成：工作值勤→回家睡覺→工作值勤。

「只憑一天的休假，很難改變我們的生理時鐘，甚至因為長時間工作，我才發現自己的臉色越來越差。」

「臉色差還算小事，有些護理師甚至壓力大到落髮或生理期混亂，時間非常不固定。」

但是，那又如何？面對醫院許許多多的病患，我們一定要打起精神，好好照顧他們，只因為我們是護理師。

我必須要保持健康，才能照顧病患。
我必須要保持健康，這樣才不會拖累醫院的同仁。
儘管每日在醫院奔跑工作，腿很痠，身心也疲累，
但我還是得保持身體健康，這是我的責任。

護理師，究竟是什麼樣的職業呢？

對大家來說，護理師是在醫院內幫忙抽血的人？輔助醫生的人？漂亮又年輕的小妹妹？還是負責打雜的人呢？其實這些護理師都經過長時間的訓練，學習藥理學、護理技術等知識，最後通過合格醫學考試，才能進入醫院服務。

然而醫院繁重的業務，往往讓許多進入醫院服務的護理師，有將近 34%，約 1 萬名左右，都在一年內離開職場，不難想像護理師的工作有多沉重了。（編按：此為南韓現況，但據資料統計，台灣每 5 名護理師中就有 1 人離職，離職率約 18%，情況並不比南韓好多少。）

醫院幾乎 24 小時都有人求診，病患來到醫院後，首先接受的就是護理師的基本診察，因此，護理師每天都得面對永無止盡，門庭若市的病患，想好好喘口氣都很難。

根據統計，南韓每名護理師平均要照顧 20 位患者，超過 OECD（經濟合作暨發展組織會員國）的平均值 4.5 倍。有時候，

護理師負責完當天的基本工作後,原本可以順利下班休息,但若有緊急病患、救護車來到醫院時,本該下班休息的護理師也得義無反顧地留在現場支援,為什麼呢?因為現在各醫院內的護理人力明顯不足,儘管補入新的護理人員,但惡劣且沉重的工作環境,又逼退了許多新人,日積月累,就形成了醫療界的惡性循環。

每個人都會生病,護理師最怕來到醫院的患者不把自己當成「病患」,反而以為自己是公司社長,躺在病床上使喚護理師,如「幫我削水果」、「馬上幫我叫主治醫生過來」等,提出為難護理師的要求,加重他們的工作負擔。請大家不要忘記,我們來到醫院求診時,身分就是一位「病患」。

大家一定透過影集看過許多有關護理師的故事吧!大多描寫護理師「在醫院內講八卦」、「為了接近某醫師而鉤心鬥角」等,慎重地跟各位讀者說,其實這些偏見很多都是錯誤、不真實的。在醫院內的護理師,每天處理緊急病患等,已經忙得焦頭爛額,真的沒有多餘時間聚在一起喝咖啡聊是非。

我曾經採訪過一位護理師,她說這份工作的最大壓力,就是不知道何時能好好的睡一覺,因為只要在入睡前接到醫院的

緊急電話，或是人手不足請求支援時，她就得馬上起床，回到醫院幫忙。此外，每天面對病人的生死，若是太過感性，很可能會影響當天或之後的工作，一不小心就容易釀成大禍。

「曾經，我照顧數月的老太太，無聲無息地去世。那天我沒值班，隔天知道後很難過，但又能如何呢？也只能趕緊打起精神，繼續照顧其他病患。」護理師每天看待病人的生老病死，似乎給人一種冷血的印象，然而這不是冷血，而是在她們的工作環境與職業道德上，不允許她們因感情的波動，導致在照顧患者時發生「失誤」。

出院後，大家還記得在醫院照顧自己的護理師嗎？我想大多數的人應該都不記得了吧？我們和護理師的相遇，就好像路上遇到的陌生人，但她們卻在我們最痛苦、難過的生病時刻，給予我們幫助。所以，在醫院時可別吝於稱讚及感謝這些「白衣天使」們。

惡劣的工作環境、一般民眾的偏見、看不到盡頭的工作量與病人數等，對於護理師來說，都是沉重壓力。很多護理師在第一次踏上職場時，都是滿懷熱血，期許自己「今天也一定要打起精神，好好照顧每位患者。」但不知曾幾何時，許多

護理師只抱持著「拜託，今天讓我平安下班吧」的心態，度過沉重的一天。

護理師生病了，誰照顧她們呢？

我們在醫院內，一定要大聲地使喚護理師嗎？

惡劣的工作環境，何時才會改善呢？

護理師的苦，只有自己知道

辭掉護理師工作到一般公司上班後，我才知道，原來生病時可以請病假！

護理師每天面對病人生死，不掉眼淚、不表現自身情緒與感情，是為了照顧好下一位病人所展現的工作專業，為什麼大家都會認為我們是「冷血動物」呢？我們也是努力地在照顧每位病患，沒有人會輕易放開病患的手。

我真希望，將來真的能以「護理師」為榮。

我們是專業護理人員，不是供患者使喚的員工！

醫生是醫療人員第一線？不，護理師才是！不論是病患入院診察或出院，甚至開立過世時的死亡證明，護理師都陪在身邊。

工作辛苦談？護理師當然辛苦了，萬一不小心發生醫療糾紛，護理師也很難置身事外。

明天跟我一起值班的人員只有一位，看來我又得加班了，為什麼醫院的人手總是不足啊？T＿T

原本入院時看起來並無大礙的病患，可能數小時後，就會因病情急升而被送入急診室，成為重症患者，因此我們工作時，得保持一定的專注力。

原本我想當一位白衣天使，但做久了，我對自己的要求不再是「天使」，而是想成為能好好下班、休息的平凡人。

一天工作 15 小時……，絕不是夢啊！

5

消防員
的工作
是救命

66 對抗無情大火，
　　及職業創傷。**99**

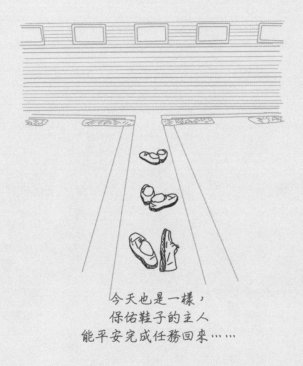

今天也是一樣，
保佑鞋子的主人
能平安完成任務回來……

懇切的心願

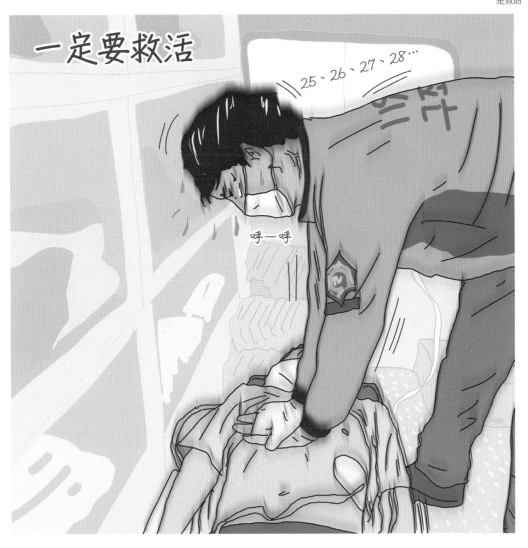

消夜時間

生死之門

我也是為了你好，為什麼揍我呢？

救護車只能用在緊急狀況

人命關天，黃金救援時間只有5分鐘

■

緊急出動，
把握黃金救援時間。

■

消防員除了救火外，其實平常還得負責許多不同的緊急任務呢！看似只有在撥打 119 時才會出現的消防員，其實工作量超乎想像。

根據統計數字，南韓民眾撥打 119 的次數，每年高達 5 萬多通，其中很多都是跟火災沒有相關的業務，諸如救小貓、幫忙開家裡大門，或是抓蜜蜂等，只要是無法處理的問題，都求助於 119。（編按：在台灣，若要報案可撥打「110」，會轉接至警察局；若急需救助可撥打「119」，會轉接至消防局。至於「112」，則適用於緊急危難且手機收訊不佳，「110」、

「119」都撥不通時使用。）

在這些申報電話內，又以緊急護送最多，護送的大多是半夜喝醉，躺在路邊的醉漢，而消防員必須像他們的家人一般，平安護送他們回家。護送醉漢也就罷了，有時還會因對方神智不清，導致消防員莫名遭到毆打及反抗，進而受傷，也是常有的事。

但是，消防員總希望順利解決每位市民的要求，就算是醉漢，也希望他能平安回家。而這 5 萬多通的申報電話中，最讓我吃驚的是，竟然有高達 60% 以上的來電都是假通報，也就是玩笑電話！

試想，消防員緊急出動到事故現場後，才知道被無聊或無知的民眾戲弄，不僅浪費時間、人力，萬一真的有緊急狀況發生，情何以堪？玩笑電話真是要不得啊！

「只要發生火災，再怎麼遲，消防員一定要在 5 分鐘內抵達現場，因為那是最寶貴的黃金時間，萬一超過 5 分鐘，火勢擴大後，火災現場就難以控制了。」

所以，我們希望市民在路上看到消防車，或聽到救護車的警報聲時，不管再怎麼忙，請大家一定要讓路，讓我們順利通行，前往救援現場。

消防員不僅是救火，深入火災現場救出受困民眾，也是他們的職責。消防員保護人民的生命，也請大家在路上看到我們時，不要圍觀而是協助清空道路，讓救援小組能在最短時間內，順利抵達現場。

我想代表消防局真心拜託各位市民，看到消
防車或救護車時，一定要趕快讓
出道路，因為我們得加足馬
力，在第一時間抵達到現場，
守護大家的生命與安全！

消防員罹患創傷症候群的機率，比一般人高出10倍

每位消防員能使用的創傷醫療費，

只有7000韓元（約台幣200元）……

**請讓路，
讓我們以最快速度趕到事故現場吧！**

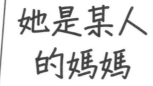

在火場中奔波，只為尋找一線生機

■

成為英雄之前，
我們也只是平凡的家屬。

■

每次聽到緊急出動的鈴聲響起，消防員心頭總是一震，除了趕緊換裝出發外，總是希望不要有人受傷或死亡，但是，請不要忘記，消防員也是人，也可能受傷或死亡，不僅是困在事故現場，等待救援的市民，消防員也有遭受危險的可能。

「我記得每當我跟丈夫在外面散步時，他只要聽到消防車出動的警鈴聲，就會馬上打電話回局裡詢問，擔心人手不足，需要支援。」這就是我的消防員老公。

誰都想成為某人的英雄，但是英雄可沒這麼好當，消防員也

是如此，在他們成為打火英雄前，也需經過很多專業訓練。

事實上，消防員都希望自己不要成為犧牲的英雄。

大家可知道，其實每次踏入火災現場，消防員都很緊張，水火無情，面對著大火、暗室或不熟悉的環境，很有可能因為不小心，不但沒有救出受困民眾，自己也遭到火舌吞沒。不過，對消防隊員來說，最大的職業傷害就是心理創傷了。

根據南韓消防單位 5 年間的統計數據，消防員前往醫院治療創傷症候群的紀錄，高達 17,557 件。心靈創傷不如肉體受傷容易痊癒，心靈創傷可能長年影響著消防員，甚至不斷復發，而消防員跟一般常人相比，罹患心理疾病的機率多出 10 倍以上。

不知大家是否還記得，數年前發生在某療養院的火災事故，一名來不及逃出火場的老太太與兩名消防員皆不幸過世。

事後，我再回去消防局採訪相關人員時才發現，許多當初與不幸殉職的兩人為同事的消防員，將近半數都離職了，因為他們承受不了當天被大火吞沒，兩位同事最後的身影就這樣

消失。這是多麼悲痛的心靈創傷啊，救不了人也讓自己陷入難以自拔的創傷症候群。

請大家別忘記，消防員不是有超能力的英雄，他們也和一般人相同，是某人的家屬，進入火災現場時，也會擔心與害怕。雖然只有短短的幾秒，他們仍必須盡全力地營救受困民眾，順利完成任務，平安歸來。

辛苦了，消防員們！

每當我來到事故現場，總會為受困的民眾祈禱，希望他能平安，同時，我也得為自己祈禱，這次也能平安完成任務。

消防員，究竟是什麼樣的職業呢？

根據 2016 年南韓安全處（類似台灣的行政院消防署，掌管消防安全事宜）所發表的報告指出，為了國民安全，全國所需的最低消防員人力為 51,000 名，然而現今服役於消防處的人員卻低於 32,000 名，換句話說，一位消防人員得負責 1,340 位市民的安全。

但比起消防人力的不足，最讓人擔心的是消防預算也很有限，而每位消防員一週的工作時數，平均皆超過 84 小時，在如此惡劣的工作環境中，消防員精力不斷被消磨，真能確保所有人的安全嗎？

再者，消防員感受到的壓力之中，最大的即是精神創傷。我想大家應該曾在影集中看過，消防員進入火場，拼死拼活救出受困民眾的場景吧？這不是假的，而是每位消防員在救火中，或多或少都會遇到的真實情況。

還記得 10 多年前，發生在大邱地下鐵的救援事件嗎？就曾有

消防員因為體力不支，無法在現場盡全力救出受困民眾，受到社會大眾的指責，可以想像當初救援失利之消防人員的悲痛，以及事後對他所造成的創傷（簡稱 PTSD，即創傷後壓力症。症狀在於此人員在消防局內可正常處理文書、辦公業務，但是一聽到出動警鈴就全身冒汗，對於前往現場救援感到莫名緊張，甚至無法出勤等，不斷出現障礙行為）。

失敗的救援行動，僅僅是一名消防員所造成的嗎？還是社會大眾呢？現在 10 多年過去了，消防員的生活有改善嗎？

消防員人數沒有增加、薪資福利也不見改善，甚至連心靈治療課程的普及率也低至 14% 而已，再加上消防員的職業傷害比一般行業更高，這也難怪產生了一個極為悲觀的數據，即 10 年內，消防員的自殺件數高達 78 件，遠比因公殉職的 51 件還高。

一旦現場救援失敗，消防員大多是第一個被指責的對象，如同 2017 年底，發生在南韓忠清北道的一場大火，疑似救援失利造成巨大傷害。事後檢討時，4 位消防員被開除，更有 6 位第一線的消防員得接受檢方調查。

儘管 2013 年南韓廢除了消防員因執行任務不順，得接受處罰的制度，但於事無補，若是沒有改善消防員的福利、工作環境，還會有人願意深入火場，拯救受困民眾嗎？

我必須再次強調，消防員救援失利，不一定是個人失誤，很可能是因為前往救援的路上，民眾不配合讓路，或是消防員在出動前，已被繁雜的工作壓得喘不過氣，無法在生死現場奮力一搏而釀成的悲劇。

最近有件令人開心的事，聽到政府即將改善消防員的福利，甚至想擴大招募近 5,300 位新血消防員，及建立消防員專屬的醫院等政策。不得不說，政府雖然比較晚發現消防員的問題，但現在開始努力改善，仍不嫌晚。

為什麼我們要提供消防員更好的福利，甚至召募更多的人員，以減輕他們出動到火災現場的工作量呢？因為消防員唯有在精神飽滿、體力充沛的情形下，才能在最艱難的事故現場，救出受困市民。

因此，政府使用人民納稅繳的錢，用在改進消防員工作環境上，也是為了以後若發生事故時，能多一份保障。

消防隊員間，常常流傳著這樣一句話：「在事故現場，誰先
進去，往往都會最晚出來！」但是每個消防員都趕著進入事
故現場，因為他們知道，受困在裡面的民眾有多麼無助，只
能等待救援。

誰都不能猶豫，只能保持最快的速度，衝入現場。

（編按：台灣的消防員薪資雖不差，近年來也面臨招不到人
的狀況，推測是因為需 24 小時輪值服勤，常超時加班，再加
上政府預算不足，設備老舊，導致年輕人不願意從事消防工
作。更有統計指出，在目前人力不足的情況下，台灣消防員
和民眾人數比是 1：1,800 ～ 2,000，等於一名消防員需扛近
2,000 條人命，過勞情況嚴重。）

消防員的苦，只有自己知道

消防員不是天生就皮膚黑或捲髮，而是我們衝入火場與大火對抗的結果。每次聽到一些朋友開玩笑，認為消防員皮膚特別黑、頭髮特別捲，彷彿天生如此，真的感到超級不舒服。

因為經歷過太多火場救援工作，現在我在家時常會教導孩子，水火無情，不要因為一時好奇、愛玩，釀成大禍，也希望大家能提醒自己的孩子。

我一直努力做好消防員的工作，但是我們畢竟不是超人，當在事故現場救援失敗時，社會大眾能否少給我們一些責罵呢？

請大家注意，家中是否有檢驗合格的滅火器，或是常去的電影院、餐廳有無安全的逃生通道。若是沒有，請通知消防單位，派人前往檢查。

當消防員後因為工作繁忙，不能常陪家人，
還常接到玩笑電話，增加我們的業務量。

請大家不要把救護車當作計程車，喝
醉請攔計程車回家，不要亂打電話到
消防局。

當我們來到事故現場時，請圍觀的民眾不
要抓著我們，詢問到底發生什麼事情，因
為我們趕著進去救人啊！T＿＿T

儘管感冒生病，非常不舒服，一聽到民
眾打 119 報案，還是要馬上出動，因
為我知道，受困在火場的民眾比我更辛
苦及難過。

剛成為消防員時，我總是第一個衝入火
場，但當我知道一些消防工作的內幕後，
漸漸感到害怕了。

6

只是
過路財神的
銀行員

66 3 點半關門，
我的工作才開始！ 99

數錢是我的工作
但這些錢都不是我的(心酸)

不管後面有多少0，
我的薪水也不會多加
一個0……

啪啪啪

數錢就是數紙(無感)

熾熱的目光正朝向我而來

離我最近卻又最遠的銀行

不是結束，而是開始

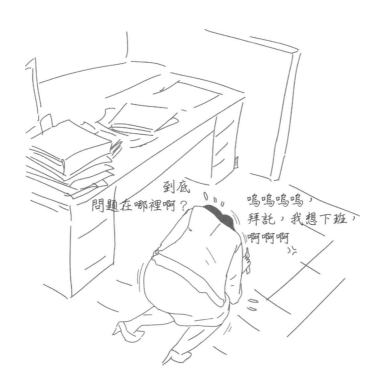

消失的錢，你在哪裡？

越靠近公司發薪日，
銀行越忙碌

忙碌發薪日結束時

3點半後，才是銀行員的上班時間

■

營業結束後，才是我們開始工作的時刻，
別人下班了，我才開始上班。

■

社會大眾對於銀行員常常有許多偏見，最常聽到的就是：「當
銀行員真好，每天都可以數這麼多錢！一定認識很多有錢人
吧？」但是對於行員來說，每天數那麼多錢，都是他人的錢
啊，越數可是越辛酸，且根本沒有機會遇到有錢的顧客，因
為他們一進入銀行，早就被高級主管請去 VIP 室，並不會由
一般行員接待。

還有人說：「銀行員應該都有許多內線消息吧？想必自己投
資也獲利不少吧？」但對銀行員來說，工作和一般上班族相
同，靠微薄的月薪過生活，何況每天的業務這麼忙，分身乏

術，想要親自操盤、投資，可說是難上加難！

試想，當你來到銀行，面對銀行員時，想必已習慣他們的起身、鞠躬，並說著：「歡迎，請問您需要什麼服務？」等接待方式，每天不斷循環，日積月累，不少行員的腰、腿都受傷了。

銀行雖然是早上 9 點營業，但銀行員大約都在 7 點半到 8 點間就來到銀行，準備開門。9 點開始營業後，外面多半已經排了 2、30 位顧客，待顧客進門後，行員馬上就得進行高壓般的工作業務，一直到下午 3 點半，才能拉下銀行大門，結束今天的營業。

正常來說，銀行員上班時間為早上 9 點到下午 3 點半，若 3 點半時，銀行內仍有許多顧客，很有可能會延後結束時間。在正常的上班時間內，銀行員最重要的工作之一，就是要仔細收好從顧客手中拿到的錢，且核對每位顧客辦理的轉帳、匯款等，若不小心少寫或多寫個 0，導致事後無法對帳，往往會造成雙方及銀行的困擾。

除了對帳，銀行員的業務還包括準備顧客申請貸款的資料，

有時也要親自去電，確認顧客信用狀況、討論詳細的交易細節等，下班時間大約在晚上 8 點到 11 點間。若我們以晚上 9 點為平均下班時間來算，銀行員一整天的工作時數其實也將近 10 或 11 個小時呢！

「基本上每天工作 10 小時是輕鬆的，很多行員都是工作 12 小時以上呢！」

「最忙的日子，就是發薪日的 10 日、25 日，這兩天會有大量民眾來銀行，提領大筆現金、匯款等，常讓我們忙到天昏地暗，有時候還暗自想著，如果沒有發薪日該有多好？但……，我們也期待發薪日，真是矛盾的心情。」

「雖然現在網路銀行很發達，但還是有些民眾為求安心，喜歡親自上銀行辦理業務，特別是老年人。儘管老年人動作慢了點，有時候跟他解說也不太容易，但還是得保持微笑。」

銀行員其實並非如同大家所想像，好像下午 3 點半，銀行大門拉下後，就比各位提早下班了。不！我們為了讓社會有良好安全的金融交易環境，下班後得努力堅守崗位，幫大家對帳、管理信用貸款、確認交易事項等，這就是銀行員的一天。

銀行營業時間雖然很短，但是銀行員壓力卻非常大。顧客的每筆錢都得仔細確認，為了服務大家，有時銀行也得延長營業時間。在拉下大門後，才是銀行員正式作業、上班的時刻，所以請大家到銀行辦事時，互相體諒，不要不耐煩地催促我們，好嗎？

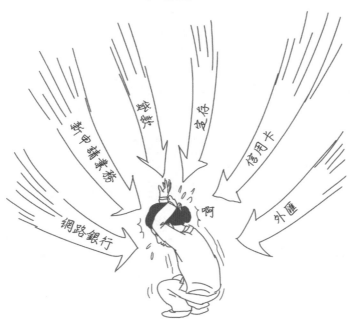

四面楚歌

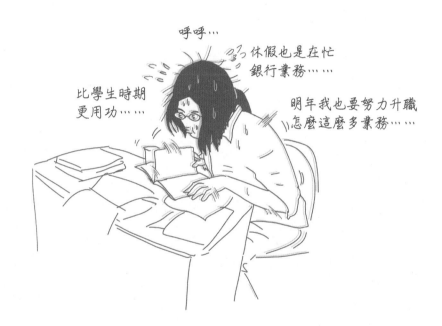

週末何時來？

錢也無法計算的
溫暖內心

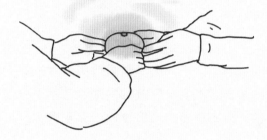

比錢還重要的人

為了業績，銀行員也得兼賣商品

■

為了銀行業績，
廉恥、顏面都得先放在一旁。

■

不知道大家是否了解，什麼才是銀行員最大的壓力呢？每天
數不完的鈔票？看不到排隊盡頭的顧客？不！這些對行員來
說，都只是一般業務而已，最讓他們感到壓力倍增的事，就
是推銷金融商品。

包括推銷開戶、定存、保險或是信用卡等，這些才是銀行員
最大的壓力。試想，銀行員要處理的帳單、金融交易已經很
多了，有些高級主管還公開或私下要求第一線櫃檯的行員，
「有空」時多跟顧客推銷產品，好增加銀行業績，無形之中
也讓銀行員倍感壓力。因為對於銀行員來說，平常連數錢對
帳的時間都不夠了，怎麼還有時間推銷呢？

萬一業績不好，還會受到上司的關切，認為是否上班在打混，不想替銀行多做點事情，創造業績。因此，銀行員在推銷商品時，第一個想到的往往是家人、朋友、親戚，甚至是朋友的朋友等。但不論是誰，只要常接到推銷電話，或多或少都會感到不舒服，長久下來，銀行員的人際關係也變差了。

銀行員每天都會遇到不同的客人，但是在短暫的服務過程中，很難有時間認識客人，更別說是推銷了！況且後方排隊的人這麼多，多說幾句話，馬上就會遭他人的白眼。可見要銀行員推銷，的確是有難度。

銀行高層是否該重新考慮，真的需要辛苦的第一線銀行員們去推銷商品嗎？

每年年底，長官都會看每位銀行員今年的推銷業績，進行年終獎金考核。推銷銀行商品對我們來說，真的是一件壓力頗大的事啊！

銀行員，究竟是什麼樣的職業呢？

當我在連載本書時，留言的讀者中不少人是銀行員，那時我對行員的刻板印象其實跟大家差不多，認為「每天數錢很幸福」、「銀行員一天數的錢，可能我們得花大半輩子才能賺到」、「銀行員3點半就下班，多麼令人羨慕的工作」，或是「銀行員隨時都有投資情報，是一份超棒的工作」。

但是當我真正理解銀行員的工作後，才驚覺其實沒有想像中輕鬆，只是坐在櫃檯數錢而已。

若是同時有100位新人進入銀行工作，大約有將近30位會放棄。為什麼呢？

很多人都說，銀行員每天跟錢打交道，多麼令人羨慕，但他們工作時，得保持高度的專注力與效率，除了準確快速地清算餘額，還得回答問題，萬一動作稍慢，還會被排隊的顧客嘮叨，甚至破口大罵，指責行員做事沒效率，這時也只能微笑地道歉，繼續工作。顧客沒耐性的舉動，無形間會加重銀

行員的工作壓力,導致出錯。

此外,前文提到的推銷銀行商品,也是屬於銀行員的義務性工作,若銷量不好,可能就會影響年終獎金的考核。因此,我們不該對銀行員持有工作輕鬆,比一般上班族提早下班的偏見。

每個行業都有不為他人所知的辛酸,當我們來到銀行時,是否能稍微體諒每分每秒都處於高度緊張壓力下,與「錢」打交道的銀行員呢?即使他們動作稍慢,也千萬別投以不耐煩的眼神。如果被推銷商品,不需要也請委婉拒絕,而非擺出臭臉。

我曾經看過一篇針對銀行員的調查報告,請教他們工作上最辛苦與最甜蜜之處,出乎意料,答案皆是「人」。

銀行員每天面對超過百位的顧客,遇到口氣不好,要求快一點的人,銀行員也只能忍氣吞聲,趕緊完成業務。當然,也有好的顧客,會溫和地等待及道謝。

這些與「人」接觸的經驗,銀行員每天都會經歷,也感觸極深,

大家想要當怎麼樣的顧客呢？

此外，第一線櫃檯的銀行員不可能永遠都坐著收錢、對帳，儘管已踏入職場，很多人還是會利用週末假日的時間讀書，考取理財證照，以保障自己未來的升遷。正因如此，造就銀行員在平常忙碌工作之餘，假日也沒時間放鬆，必須繼續學習，好好地準備下一場的人生考試。

這樣看起來，銀行員同時身兼兩職，一邊工作一邊還得讀書。所以，我想拜託大家，當來到銀行抽號碼牌排隊時，請多些耐心，讓這些忙碌的銀行員能多喘口氣吧！

台灣的銀行業由於工作內容穩定，不容易被淘汰，長久以來被視為鐵飯碗。但近年來各家銀行重視業績，無不希望銀行員除了一般業務，也能協助推銷金融商品，導致行員們都有所謂的「業績壓力」，造成巨大負擔，心理壓力也不小。下次到銀行辦事時，若遇到行員推銷，就算不需要也請客氣回應，畢竟他們也只是聽命行事，我們又何必冷眼相待呢！

銀行員的苦，只有自己知道

常聽到有人羨慕我們能在銀行工作，但是卻不知道背後的辛酸，我們的工作並不是只有坐著收錢、數錢、對帳而已，有苦說不出啊！

我每天都想辭職，因為我得從早上 8 點上班到晚上 11 點呢！

請上司不要再叫我推銷客人開戶了，為了做業績，每個人都要拉下臉，拜託 10～15 位親朋好友，辦一個平常不會用的戶頭，這對我們來說，根本就是「難上加難」。

為什麼會有人指責銀行星期六、日不開門啊？銀行員也是平凡的上班族，也需要休息啊！

顧客口氣能不能好一點？存摺不要用丟的，好嗎？我們沒有得罪您啊！

銀行員每天接觸這麼多錢，可不能起任何歹念，必須盡責處理大家的錢。

銀行員不是錢多的職業，而是數星星的工作，因為每天都到黑夜才能下班。

我從大學畢業後就進入銀行服務，但從踏入銀行業開始，就不停地準備金融證照考試，因為我不可能永遠坐在櫃檯收錢及數錢，我必須要更認真學習，努力升遷！

銀行高層有時希望我們能在短時間內，衝高業績，真是太為難人了，怎麼可能在一個月或一天內，推銷這麼多銀行商品呢？銀行員除了應付客人，還得面對內部壓力，真是內外夾攻、進退不得的工作啊！

7

以客為尊的
空服員

就算腳痠、肚子餓，
我還是得微笑！

機長，請給我一拳吧！

空服員的日常

在天空，大概只有神明才知道你是誰吧？

平靜中的亂流

乾燥的皮膚、笑到魚尾紋都出來了，
再加上痠痛的腰和腿，
頭皮發癢，肚子也好餓，
還是不能停止服務乘客

笑太多產生的肌肉痛

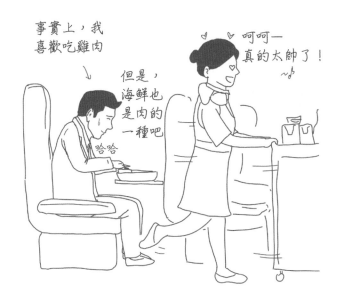

空服員最想遇到的好乘客

看似光鮮的空服員，其實有苦說不出

■

飛機上的杯子，客人的辱罵，
比屋頂還高的飛機艙內。

■

現代人搭飛機稀鬆平常，機長、空服員等職業也不再像過往
一樣，被認為是一份特殊職業，但他們在工作時卻常遇到難
題，包括：

1. 客人不聽從廣播，自行登機

出國時因為心情特別好，乘客總喜歡成群結隊，在登機時一
起入機艙，甚至我還遇過 10 名以上的乘客，雖然分坐不同座
位卻仍堅持要手牽手，一同登機。

登機前的廣播也清楚提到，請行動不方便者、老年人、孕婦

小孩，及商務艙乘客，依序優先登機。但我們永遠弄不懂，為什麼總是有些乘客不聽廣播，自行登機呢？

除了這些，入機艙後也請各位不要亂換座位，因為我們會登記吃素或特別需注意的乘客座位，一旦更換，就會打亂事前的安排與服務項目。我知道大家都是開心出國，但請別讓你的開心造成空服員、地勤人員的不便。

2. 機內餐不足，只剩一種選項

通常乘客買的機票內會含一餐機內餐，除了特別要求素食的乘客，機內餐大多有兩種選項，多為肉類或海鮮類。

但有時乘客太多，或前排客人皆吃肉類的機內餐，導致後排乘客沒有肉類可選擇時，是否能夠稍微體諒我們，不要馬上就開口大罵：「我就是喜歡吃肉，趕快生出來給我！」或是冷嘲熱諷説：「這麼大的公司，竟然沒辦法讓乘客選擇餐點口味，太誇張了吧！」

請各位乘客多體諒及包容，畢竟這裡是機艙，不是高級餐廳，稍微忍耐，到達目的地之後，就能吃到自己想吃的美食。何必因為簡便的機內餐，讓大家心情都不好呢？

3. 遇到亂流時，請不要大聲尖叫

雖然空服員每天都搭飛機，但遇到亂流時，其實我們也很害怕，最重要的是請乘客一定要保持安靜，不要大聲尖叫避免嚇到其他乘客。

我們全心全意守護乘客的安全，也知道
遇到亂流時，大家緊張的心情，但是，
能否停止尖叫，冷靜聆聽機內廣播及遵
循空服員的指令，安全坐在座位上，繫
好安全帶呢？

全部吃完才能繼續上工啊

暴風吸入的空服員

一句道謝的溫度

該適可而止了吧！

千萬不要有奧客、哭不停的
小孩，及亂換位子的、過度
飲酒的乘客啊！
安全第一

希望學姐心情好，不要
指使我跑服務鈴、收餐
盤，一旦超時工作，又
沒時間吃飯休息了

起飛前，向上天祈求的空服員

飛遍世界各國，卻賠上健康

■

謝謝妳！

一句話對我們來說就夠了。

■

一般社會大眾對於空服員的印象，大多覺得「身材高、外貌漂亮、英語又好、長得又甜」等，可說是集女性的優點於一身才能當上空服員。工作內容則認為是在登機時幫助乘客確認機位及身分，飛機起飛後，則推著餐車、免稅品來服務大家，是一份輕鬆的工作。

然而，事實上並非如此！因為在登機前，地勤人員、空服員們都得掌握今天起飛地與目的地的天氣狀況，登機時也要仔

細確認乘客資訊，萬一弄錯可就不好了。

此外，假設飛行時間是 2 小時，其實空服員在機艙內也不得閒，一架飛機平均載客數為 200 位，若 2 小時的飛行時間內，每位乘客都按一次服務鈴，空服員們就得服務 200 次！

空服員在機艙內除了既有的工作外，還得處理大大小小的臨時狀況，像是愛哭的孩子，索取枕頭、筆或撲克牌的乘客等，根本就沒時間可以休息。萬一飛行時間超過 10 小時，一趟旅程結束後，空服員早已體力透支，疲憊不堪。

此外，因為空服員是在高空上工作，氣壓不同於平地，長時間工作後，除了容易睡眠不足、時差混亂、頭暈外，若在感冒時還硬是登機工作，很容易感染嚴重的中耳炎。

空服員因為工作性質，常需要蹲下後馬上站起（如收餐盤），加上高空平衡度也沒有平地好，日積月累後，也容易形成腰痛等疾病。

大家別認為空服員就是鐵飯碗，隨著飛機型號的不斷進步、安全措施的改善，空服員必須定期接受各式訓練課程，才能更新服務流程。

但是，就我看來，空服員最大的工作壓力就是，不論遇到多難搞的奧客，對方提出多無理的要求，永遠都得保持笑容，只因為空服員不能發脾氣，必須盡量滿足乘客的需求。

這樣看來，要成為一位合格的空服員，真的很辛苦啊！

從成為空服員開始,我就承受巨大壓力,面對再無理的奧客,航空公司也只教導我們要微笑以對……。但是大家知道嗎?其實只要一句簡單的謝謝,就能讓我們開心,更努力為大家服務。

空服員，究竟是什麼樣的職業呢？

我想大家應該很好奇，誰是第一位成為空服員的人呢？答案是「護理師」！大家仔細想想，其實空服員就像護理師一樣，管理著機艙每位乘客，解決大家搭機時遇到的疑難雜症與需求，如同在醫院內工作的護理師一樣。眾所皆知，誰都不希望飛行在高空的飛機發生意外，因此空服員就像護理師一般，也得受過專業訓練。

最初機艙內引進空服員時，還曾因為工作環境、內容與業務，被許多航空公司輕視，認為一架飛機上只要有 1、2 位空服員就足夠，但是幾次飛行後，造成大量空服員出走，只因為工作內容真的不是一般人所想像的這麼輕鬆。

除了時差，導致空服員無法好好休息外，長時間服務於高空機艙內，也容易造成頭暈、過勞，甚至因長時間站立，出現腳部抽筋等症狀，這些都讓她們苦不堪言。

然而，在歷經幾次航空公司的改進並提高薪資後，現今大家
所看到的空服員反而除了專業的知識、技能外，連外表也變
成必備條件，只要長胖 1 公斤，都會讓空服員耿耿於懷，甚
至有些航空公司在第一關面試時，就會請應試者試穿公司制
服，若穿不下就馬上刷掉。

大家想想看，空服員的制服大多貼身、緊身，要維持這樣的
身材需要有多大的毅力及決心？但趨之若鶩的人仍然不少，
只因為她們都想成為高空中最美麗的那抹身影。

但是，成為一位空服員後，真的是得到一份幸福的工作嗎？
旅客有千百種，有時遇到奧客，空服員也只能掛著微笑，耐
心地滿足乘客的要求。

最近航空公司也為了體恤辛苦的空服員，提出空服員一天在
機艙內最多只能工作 14 個小時的政策，但不管怎麼算，都超
出一般上班族的工作時數，而且又是在長距離的高空工作環
境內，工時 14 小時還是太長，且這 14 小時還不包括空服員
在飛機起飛前的準備，及飛機降落後的清潔等額外時間。'

如果空服員服務的是長距離飛行的班機，第一天包括起飛及機艙服務等，連續工作 17 小時也是常有的事，回程還要再經歷一次誰受得了呢？

不過，讓許多空服員感到最辛苦的事，就是乘客的服務鈴。當然有些乘客按服務鈴是必要的，但是如果是不小心誤按服務鈴，或小孩子調皮亂按等，有時真的會讓空服員哭笑不得，也因此在工作一年後就辭去空服員工作的人也不少。

撐過一年成為「合格」空服員後，她們每天都得面對千奇百怪的乘客，像是突然按服務鈴，等空服員來到座位前後遞上名片的搭訕者，或是搞不清楚狀況，狂按服務鈴，只為了跟空服員要一個在高空內，不知道能從哪裡變出來的漢堡等。

當然也有些乘客在飛機遇到亂流時，硬要起身走動、上洗手間等，做出許多危險舉動，讓空服員疲於奔命。但那又能如何？面對這些乘客，空服員不僅不能説「NO」，還要得和顏悅色，像是面對天真無邪的孩子般，教導他們：「漢堡要等落地才能買到喔！」、「這樣做是不行的，隨意走動會受傷喔！」等，可見空服員除了是一位高空護理師外，還得兼保母呢！

我訪問過許多空服員，其實支持她們做這份工作最大的動力，往往不是高額的薪資、福利，而是看到乘客們出國旅行時的愉快表情，以及下飛機前跟她們道謝時，所感受到的幸福感。

各位，下次搭飛機時，別忘記這些辛苦的空服員，不妨跟她們說聲「謝謝」吧！

空服員的苦，只有自己知道

我們是任職於航空公司，不是旅行社啊！為什麼許多乘客都喜歡問我們，某某國家最有名的餐廳在哪裡？值得買的紀念品是什麼？這不是乘客出國前，要事先準備的旅行計畫嗎？

曾有乘客說他沒吃到石鍋拌飯，想下飛機，可是現在飛行高度是 38,000 英尺啊！

到底站了多久，我都快記不得了，因為從上機內餐後開始，我們還要提供飲料、茶、咖啡，然後再收餐盤，加上又有乘客按服務鈴等，根本就沒機會好好坐下休息。

我曾經遇過乘客詢問，他是否搭錯飛機，不斷確認。事實上，航空公司在辦理登機時就會確認旅客資料，不會輕易弄錯。

空服員不僅僅是服務乘客,更重要的是要保護大家的安全。

曾經在工作 4 天 3 夜後,終於回到家,本來想好好休息,結果因為時差,休假期間都沒睡好,等恢復時差後又要上班了(嘆)。

我最怕服務長班(飛行時間較長)了,得 10 小時都保持微笑,臉部肌肉笑到都僵硬了……。

航空公司教導我們,不管乘客再怎麼無理、要求有多奇怪,第一個標準動作就是露出微笑,即使被奧客大聲辱罵,我們也得先微笑啊!

有時在機艙內還會遇到性騷擾,常有男乘客詢問:「這架飛機上,哪位空服員最漂亮呢?可以認識她嗎?」

8

和頭髮
奮鬥的
設計師

為了剪出完美髮型，
我練習了千百次。

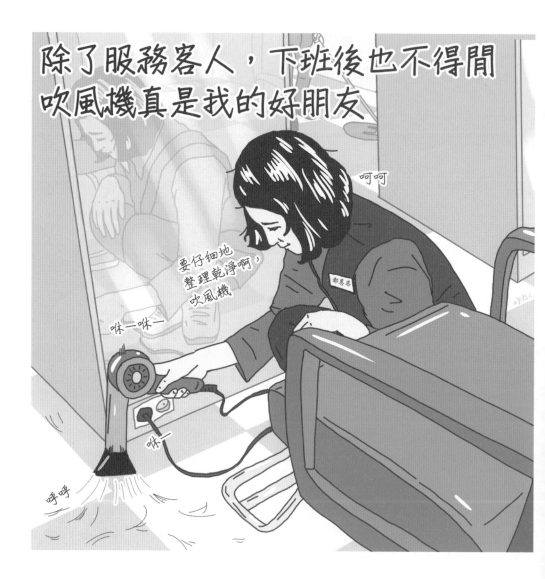

一根頭髮也不能放過

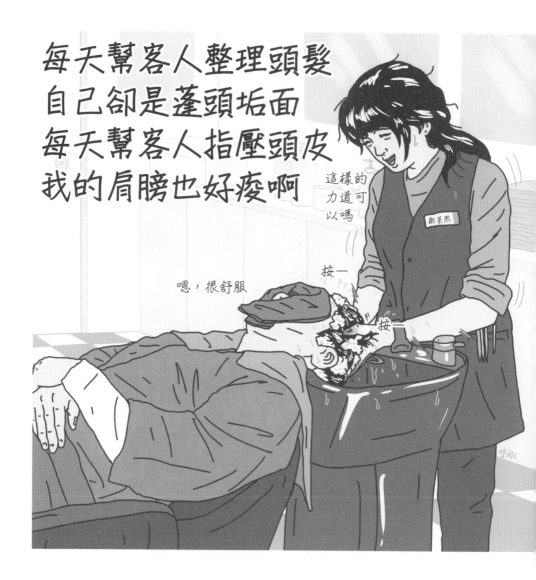

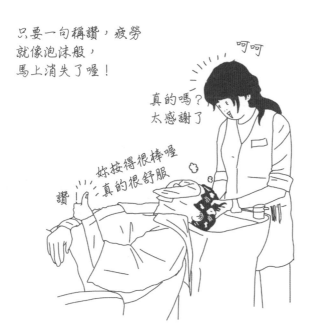

髮廊助理最期待的稱讚

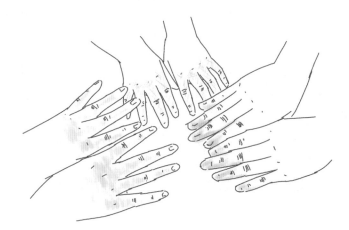

為了工作而損傷的雙手，
或許這就是青春吧！

每位髮廊助理必經的過程

讓人又哭又笑的頭髮

沒有經歷過就不算是設計師

黑衣服最安全

完美髮型的背後，是設計師辛苦的付出

■

我們都不知道的
設計師日常。

■

來到髮廊可以看到許多設計師穿著黑色制服，這其實是有理
由的，因為長時間幫客人做造型，許多客人的頭髮會黏在設
計師身上，萬一身穿白色或是其他顏色的衣服，恐怕會突顯
出一身亂髮，造成客人不好的印象。

除此之外，設計師也因為工作性質，雙手常常會碰觸許多染
劑，日積月累後會損傷手的皮膚，甚至還可能造成手部皮膚
的病變。但又能怎麼樣呢？

在髮廊內流傳著一句話，好的設計師成之於「手」，失敗也是在「手」，若是平常忽略手的保養，導致雙手受傷或是充滿髒汙，很快就必須離開美髮業了。

根據統計，許多設計師最大的職業傷害就是在雙手，因為每天長時間工作，包括幫客人洗髮、指壓頭皮，甚至有些髮廊還提供按摩等服務，長時間的按壓也造成設計師手部肌肉痠痛、僵直，甚至下班後，持續出現手抽筋等情況。

看似很簡單的剪髮動作，對設計師來說，必須經過長時間的訓練，特別是把手指插入固定式的剪刀內，以曲折、轉手腕等動作，用最完美角度剪出客人指定的髮型。每天持續服務客人，不斷重複施力，對手腕的傷害也很大。

此外，遇到格外重視儀容的客人時，他們常會在設計師剪完頭髮後，追加許多服務，像是再修剪一些長度、鬢角再修整齊、後面頭髮再打薄些等。

上述這些要求無可厚非，設計師也可以體會，但最怕的就是按照客人要求剪完後，對方不滿意並生氣地說，怎麼跟他想像的髮型不一樣……。這種情形真的會讓設計師無言以對。

每位美髮師都把客人的頭髮當作自己的頭髮來整理，害怕剪不好、損傷髮質，或弄傷頭皮，每天我們都很努力練習，只為提供最好的服務。

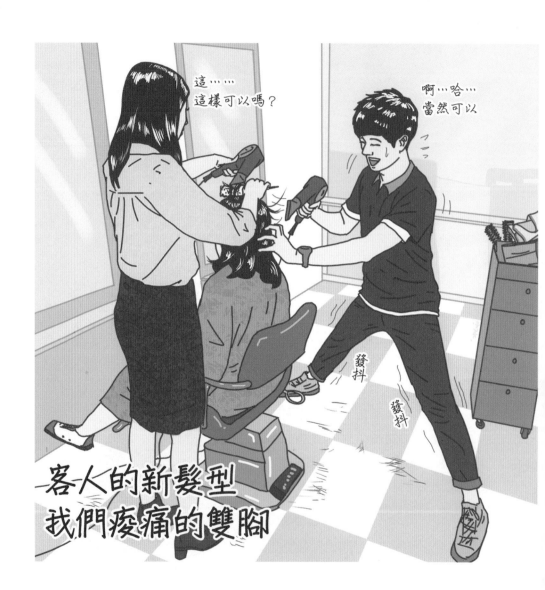

如同長頸鹿的設計師

越來越高的設計師

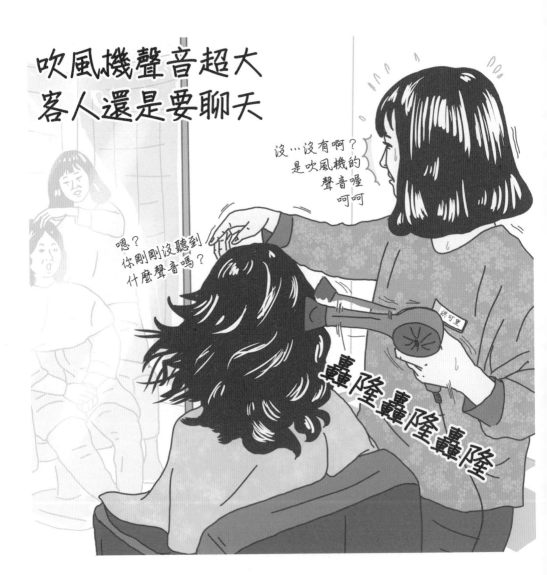

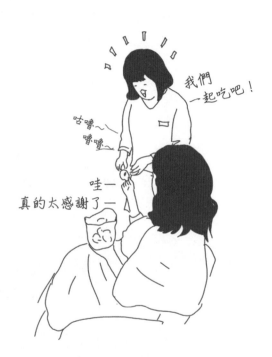

天使般的客人

不懂「放棄」的男子

讓全家都出動的幸福髮廊

不斷進修，是設計師的使命

■

如果沒有保持進取心，
這工作也做不久。

■

很多人對於設計師的印象，可能都是漂漂亮亮、優雅地剪著
客人的頭髮，之後收錢了事，但是事實並非如此。

通常要進入美髮界，除了要考取技術證照外，最重要的是，
進入這一行後，還得不斷地練習。想成為一位能登上檯面的
設計師，往往需要花 2～5 年之久呢！也就是說，進入這一
行，重要的除了證照外，還得不斷的練習。

大家知道想成為設計師，一天得花多少時間練習呢？根據統
計，包含工作時間，大約需要 10 小時以上。夜晚髮廊關門後，

這些新手還得為了增進自己的手藝及剪髮技術，打掃完店內環境後，獨自一人對著美髮假人頭練習剪髮技巧。

「沒錯，店裡休息時，就是我們練習的時候，假日有空時，也要去參加一些教育訓練，與同業互相切磋、請教。」這就是成為設計師必經的過程。

當然，想成為一位出色的設計師，很多人都會在出師後，利用網路社交軟體，上網秀出自己的作品。這樣看下來，設計師平日除了營業、練習、參加教育訓練及研討會外，還得使用網路宣傳，的確很忙呢！

想成為一位優秀的設計師，除了信心之外，更得具備對這份工作的熱忱與進取心，所以，大家可別小看美髮業喔！

設計師，究竟是什麼樣的職業呢？

設計師跟我們的關係，就像戀人一樣，為什麼這樣說呢？大家應該都有這樣的經驗吧！來到髮廊、指定設計師服務，在我們就定位後，會遞上一本髮型目錄，貼心地詢問，今天想要剪怎麼樣的髮型、或染什麼顏色，當然有時客人也會追加護髮、潤髮，或按摩頭皮等服務，而設計師的任務就是陪伴在我們身邊，耐心地聆聽需求。

有時當我們選擇了不太適合自己臉型的髮型，或染髮劑顏色時，設計師就像男友或女友般，給我們建議。

若客人是企業的負責人，染紫色可能會帶給他人不穩重或不恰當的印象等，這些都是設計師在動手前，必須告知顧客的意見。這不就像是想讓我們變得更好，身為戀人才會說的真心話嗎？

當我們選擇想要的髮型及風格後，座位前是一面大鏡子，隨時可以看到設計師如何打造出適合我們的髮型，但在造型過

程中，設計師可是比這面鏡子還清楚，因為他得隨時注意自己的手藝，避免把顧客的頭髮剪差、或剪得不對稱，就像一位眼中只有我的戀人般，呵護著我們。

當然，美髮業也是生意的一種，想成為設計師並非如一般人所想像的簡單，彷彿有把剪刀就可以開業。不論是想成為設計師的助理，或已經更上一層樓的設計師，他們都是經過很大的努力，在髮廊休息的深夜時刻，努力練習，每天平均花費 10 小時在店裡。

假日是髮廊最忙的時候，根據南韓美髮界統計，剛踏入美髮界的學徒，基本月薪不到 100 萬韓元（約台幣 28,000 元），連支付生活開銷都不夠。但是這些學徒為什麼仍願意領這麼低的薪水呢？無疑就是對這份工作的熱情罷了！

一般來說，髮廊無法預測設計師一天能服務幾位客人，很有可能 2、3 小時中，才有一位客人入店消費，所以很難計算當月店內的基本收入會有多少。

很多髮廊之所以能夠持續營業，或成長、壯大，甚至開設連鎖店，大多都是憑藉店內設計師的手藝及名氣，在顧客間口

耳相傳。所以，你說設計師的手藝不重要嗎？設計師只要會剪頭髮，不用宣傳知名度嗎？

但讓我覺得最有趣的一點，就是設計師總是很會找話題跟客人聊天。當然，有些人認為他來到髮廊，就是想單純放鬆，不想多跟設計師聊自己的工作、生活與興趣等。但是當我深入了解設計師這行業後，我才發現，其實設計師也不是天生就長舌，是怕客人坐在座位上無聊才找話題聊天。

設計師通常會詢問客人的職業、剪髮頻率、平常如何護髮、髮質特性等問題，為的就是剪出更適合我們的髮型。優秀設計師的特點之一，就是會細心地詢問客人的生活習慣及興趣。

下次有機會到髮廊時，不妨注意所指定的設計師是否都會主動聊天呢？當然，會聊天的設計師不一定剪得好，但我相信，全程都不跟客人聊天的設計師，他剪出來的髮型恐怕還要多加強呢！

台灣人有上髮廊洗髮的習慣，造成美髮產業蓬勃，髮廊非常多。對設計師來說，除了無法定時吃飯、長時間站立等工作形態，負責洗髮的助理也會因為雙手長期碰水及藥劑等，造成手部受傷。不少髮廊助理的雙手因長期洗髮，布滿傷痕、破皮。因此，若有機會至髮廊接受服務，不妨在結束時對今天的設計師及助理，說聲「謝謝」吧！

設計師的苦，只有自己知道

身為一位設計師，我每天都要增進自己的手藝，不僅僅是使用剪刀的技巧，上、下班時，也要隨時觀察身邊路人的臉型與髮型，必須常問自己：「萬一是我服務這位客人，該怎麼剪呢？」這就是我們的日常。

「要有出色的外表，髮型占了 90％ ！」這是我們美髮界的名言。

每次工作結束，最開心的就是聽到客人說：「妳設計的髮型好好看，很適合我！」這就是我想成為一位設計師的原因。

遇到髮質差、受損很嚴重的客人時，這才是考驗我們的時候。

請不要認為在髮廊工作等於不愛讀書，想成為一位設計師的難度，恐怕並不會輸給用功念書，考上名校的人。

我們每天都要站著工作，甚至客人多、忙碌時，
也沒時間用餐。每次都得狼吞虎嚥吃完，再馬
上繼續工作。

設計師的剪髮技術再怎麼優秀，若是不會跟顧
客溝通，恐怕剪出來的髮型只有「美」，但是
「不適合」對方的臉型。所以，懂得溝通是成
為一位優秀設計師的必經過程。

我從最低階的助理，一路辛苦走來成為設計師，
這段過程不僅僅是身體上，更是精神上的磨鍊，
花了很多時間、金錢，為的就是提供顧客更好的
服務，而我相信這是值得的。

週末及連休假日，才是髮廊最忙的時候，長時
間下來，我們常無法參加朋友的婚禮，生活
圈、人際關係也越來越窄了。唉！常常有人問
我：「妳究竟為了什麼而忙？」

考生篇

衝吧！
高三生們

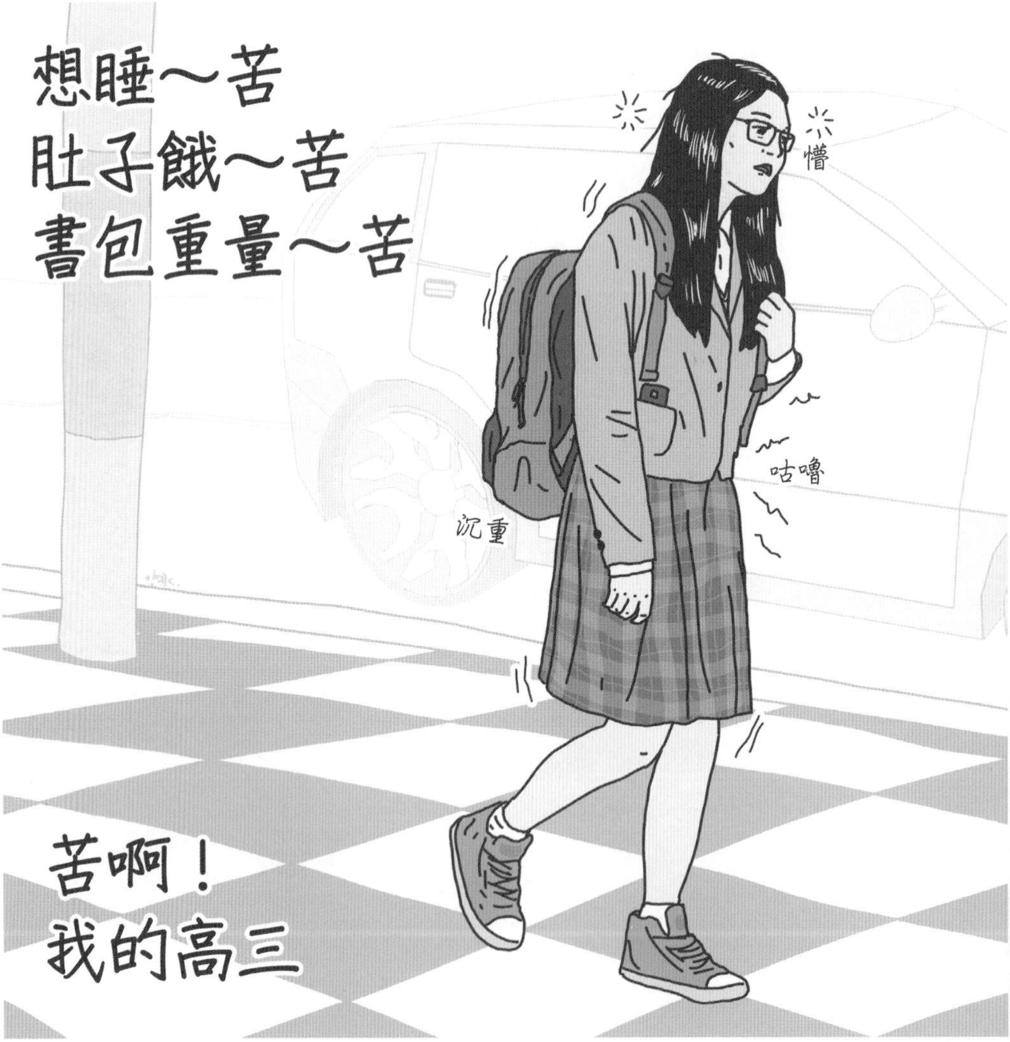
想睡～苦
肚子餓～苦
書包重量～苦
懵
咕嚕
沉重
苦啊！
我的高三

快遲到……苦……

奮鬥的高三

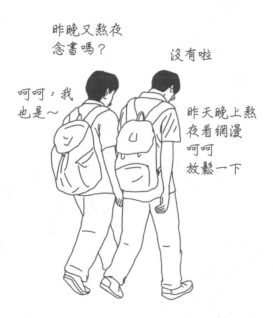

物極必反的高三生活

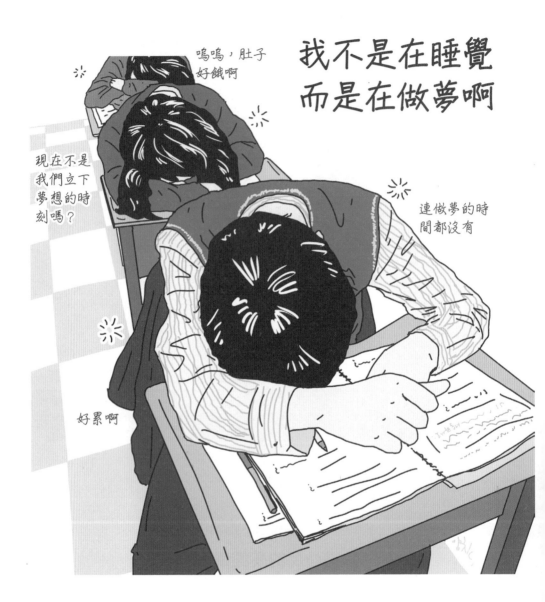

只能做白日夢的高三

沉重的人生

吃吧吃吧！像是把午餐
當成最後一餐的我們

大口吃的午餐時間

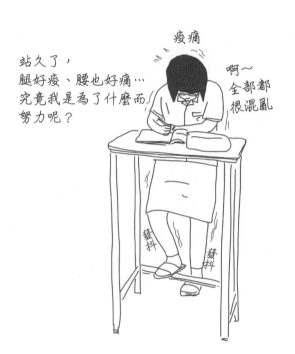

持久站立的高三生

夢想，還是白日夢呢？
我才18歲，就不敢有夢想了

呼一
好久沒有
仔細看天空了

沒有夢想，
是不是就不
會受傷呢？

不為別人，而是為自己決定夢想

高三　Fighting!!

我們的青春！辛苦的高三生活

高三，原本應該是做夢、遊玩、好奇心最旺盛，及認識許多朋友的時期，但是往往因為考試，將花樣年華的高三生活，變成我們口中的「苦三生」（編按：苦三的韓文發音同高三，因此有取其諧音之意）。我在連載本書內容時，剛好我的姪兒是高三生，面臨一試定終身的時刻，也因此讓我興起想畫「苦三生」的內容。

當然，這樣看起來，「苦三生」的連載，似乎是因為我個人因素而誕生的作品，但是我想不論國界，每個人都對高三生活存有共同的回憶吧？那就是苦不堪言地準備大學聯考。

請各位讀者回想，是否曾在那段為了準備考試的高三時期，還刻意把自己所用的智慧型手機換成 2G 門號，只為了減少上網的誘惑，好好準備考試。或是在日常生活中，常聽到人們跟我們說「加油」。

然而，不知曾幾何時，這樣的「加油」在那段 18 歲的青春裡，

成為沉重的負擔。因為當我們要跨越下一個階段時，面臨的是與他人競爭、分秒必爭的高三生活，那時候，我們甚至不敢有夢想，而是把做夢的時間拿來做考古題，準備考前衝刺。

我曾經採訪過許多高三生，問了他們幾個問題，如：

「等你上了大學後，最想做的是什麼？」
「我還沒想到要做什麼，但是我知道，現在得努力。」
「為什麼呢？」
「因為大家都很拚，目前努力考高分最重要！」

這些高三生並沒有太多夢想，只知道全校、全國的高三生們，都為了名校拚命的努力著，若是我不努力，就像異類一般，因此不用想太多，努力解題、補習、念書、考試，以考上大學為首要任務。

當然，大學是高等教育，授課的教授學有專精，也教導學生許多知識，但是，上了大學並不是最終的旅途。

很多立志考名校的高三生，花了一整年的時間唸書，終於如家人或是自己的期待，考上了名校，認為可以出人頭地了。

但是，這些聰明的高三生在升上大學後，大多適應不良，往往休學，抑或瘋狂玩樂，為什麼呢？因為他們失去了「目標」。

高三，也是辛苦的「苦三」，我們努力考上名校後才突然發現，選擇的學校、就讀的科系，往往都不是自己所喜歡的，僅僅只是滿足家人的期待，我的興趣是什麼？我的夢想是什麼？這難道不是高三生最重要的人生課題嗎？

OUTRO

現在有兩個同心圓

彼此傷害的同心圓

彼此理解的同心圓

大家希望在哪一個同心圓中生活呢？

我還記得，我上次為了一筆要匯給客戶的緊急款項趕到銀行時，
行員毫不留情地拉下大門，氣得我破口大罵。
但是，看完這本書後，我才發現，銀行的工作不如想像中輕鬆。
看完書中的工作百態後，才發現非常貼近日常生活，
甚至我也是其中一員。

下次，當我再遇到宅配員、設計師、銀行員時，我一定會微笑，
耐心地等待著他們的服務，且不會忘記對他們說：
「謝謝您們，今天也辛苦了。」
「最近很忙吧？記得多休息。」

前頁內容是一位讀者的留言，我看完很感動。當然，作為一位插畫家、藝術創作者，作畫也很辛苦，但是，一想到我在創作過程中，遇到了這麼多給予意見、接受採訪的朋友們，這段時間的辛苦也不算什麼了吧？因為我們每個人，都在自己的工作崗位上努力著。

希望我能藉由這本《歡迎收看厭世上班族》，推廣「彼此理解的同心圓」概念，因為我們雖是上班族，卻也是一家人。

「為了工作，大家辛苦了！」

歡迎收看厭世上班族：奧客、豬隊友退散！

一天一圖，終結職場負面情緒

2019年4月初版　　　　　　　　　　　　　　　　　　定價：新臺幣450元
有著作權‧翻印必究
Printed in Taiwan.

作　　　者	梁　治　己
譯　　　者	陳　慶　德
叢書主編	陳　永　芬
校　　　對	吳　美　滿
封面設計	李　涵　硯
內文排版	唯翔工作室
編輯主任	陳　逸　華

出　版　者	聯經出版事業股份有限公司	總編輯	胡　金　倫
地　　　址	新北市汐止區大同路一段369號1樓	總經理	陳　芝　宇
編輯部地址	新北市汐止區大同路一段369號1樓	社　長	羅　國　俊
叢書主編電話	(02)86925588轉5306	發行人	林　載　爵
台北聯經書房	台北市新生南路三段94號		
電　　　話	(02)23620308		
台中分公司	台中市北區崇德路一段198號		
暨門市電話	(04)22312023		
台中電子信箱	e-mail：linking2@ms42.hinet.net		
郵政劃撥帳戶	第0100559-3號		
郵撥電話	(02)23620308		
印　刷　者	文聯彩色製版印刷有限公司		
總　經　銷	聯合發行股份有限公司		
發　行　所	新北市新店區寶橋路235巷6弄6號2樓		
電　　　話	(02)29178022		

行政院新聞局出版事業登記證局版臺業字第0130號

國家圖書館出版品預行編目資料

歡迎收看厭世上班族：奧客、豬隊友退散！一天一圖，終結職場
負面情緒/梁治己著．陳慶德譯．初版．新北市．聯經．2019年4月（民108年）．
312面．16×19公分
ISBN　978-957-08-5283-7 (平裝)

1.職業　2.職場　3.漫畫

542.7　　　　　　　　　　　　　　　　　　　　　　　　108003118